LOUIS BARTHOU

DE L'ACADÉMIE FRANÇAISE

RAPPORTEUR GÉNÉRAL DE LA COMMISSION DE LA PAIX

LE TRAITÉ DE PAIX

PARIS
BIBLIOTHÈQUE-CHARPENTIER
EUGÈNE FASQUELLE, ÉDITEUR
11, RUE DE GRENELLE, 11

1919

LE

TRAITÉ DE PAIX

IL A ÉTÉ TIRÉ DE CET OUVRAGE :

15 exemplaires numérotés sur papier de Hollande.

L. BARTHOU

DE L'ACADÉMIE FRANÇAISE
RAPPORTEUR GÉNÉRAL DE LA COMMISSION DE LA PAIX

LE
RAITÉ DE PAIX

PARIS
BIBLIOTHÈQUE-CHARPENTIER
EUGÈNE FASQUELLE, ÉDITEUR
11, RUE DE GRENELLE, 11

1919

LE TRAITÉ DE PAIX

RAPPORT GÉNÉRAL FAIT AU NOM DE LA COMMISSION ÉLUE PAR LA CHAMBRE DES DÉPUTÉS EN VUE D'EXAMINER LE PROJET DE LOI PORTANT APPROBATION DU TRAITÉ DE PAIX.

MESSIEURS,

La Commission spéciale à laquelle vous avez renvoyé le Traité de paix signé le 28 juin 1919 à Versailles entre les Puissances alliées et associées, d'une part, et, d'autre part, l'Empire allemand et les États qui le composent, vous en propose à la majorité, la ratification. Elle n'aurait ni compris, ni rempli son mandat si elle s'était bornée à un simple enregistrement, sous le prétexte qu'elle ne peut vous proposer, à l'exclusion de tout amendement, que l'approbation ou le rejet du Traité. Quand une convention internationale, si longue, si touffue, si complexe, engage, pour des temps indéfinis, la prospérité et la sécurité de la France, les représentants du pays manqueraient à leur devoir s'ils ne s'appliquaient pas à en déterminer l'inspiration générale, les conditions et les conséquences. La France a le droit de savoir quelle situation une glorieuse et coûteuse victoire lui a faite et dans quel cadre se développera son avenir.

Votre Commission s'est mise à l'œuvre avec le seul souci de connaître, de préciser et de sauvegarder l'intérêt national. Les critiques qu'elle a formulées ou les regrets qu'elle a exprimés ont tenu compte du labeur formidable que la paix, inégalement préparée, a imposé aux plénipotentiaires français. Elle n'a méconnu aucune des difficultés qu'ils ont rencontrées dans les délibérations, parfois confuses et souvent contradictoires, de la Conférence. Elle rend hommage à leur bonne volonté et à leur patriotisme. Mais elle ne peut en même temps manquer de regretter, et elle m'a donné le mandat de le regretter formellement, que les Commissions de la Chambre aient été tenues pendant sept mois en dehors des négociations.

Sans doute l'article 8 de la loi constitutionnelle du 16 juillet 1875 réserve au pouvoir exécutif le droit de négocier les traités et nul n'a prétendu faire obstacle à ce droit ou s'y substituer. Mais le respect de la Constitution et l'autorité du Gouvernement n'interdisent pas de provoquer les avis compétents et les conseils utiles. Le Gouvernement ne s'est pas fait faute, et il faut l'en louer, d'y avoir recours. Pourquoi les Commissions parlementaires sont-elles les seules dont il n'ait pas, pour l'aider dans une tâche ardue et redoutable, recherché la collaboration confiante? L'opinion publique, ramenée par la vérité à la justice, sait ce qu'elles ont fait pour la guerre. Les rapports particuliers de votre Commission lui montreront ce que, sans sortir de leur rôle et sans empiéter sur les droits du pouvoir exécutif, elles eussent fait pour la paix. Le Gouvernement, en tenant les promesses de ses prédécesseurs, aurait pu, dans des heures difficiles, s'appuyer sur les Commissions pour y trouver l'autorité morale qui lui était nécessaire pour soutenir les plus graves revendications nationales. Elles l'auraient aidé à redressé les erreurs, à rectifier les contradictions et à combler les lacunes que révèle l'examen, malheureusement trop tardif, d'un traité dont les termes sont immuables. Le Parlement se trouve en présence d'un fait accompli, auquel il a été complètement étranger. Le Pacte conclu à Versailles apporte à la France d'énormes avantages, que l'on ne pourrait méconnaître sans la plus criante injustice, mais si l'avenir démontrait l'insuffisance de certaines garanties, et si la France courait de nouveaux périls, le Parlement aurait le droit de dire qu'il a connu les négociations seulement par leurs résultats et au moment même de la ratification du Traité de paix.

PREMIÈRE PARTIE

RESPONSABILITÉS ET SANCTIONS

Il est un point initial et capital, dont tout découle, que les négociations ont mis hors de doute. En s'attachant à fixer les responsabilités encourues par l'Allemagne dans la déclaration et dans la conduite de la guerre, la Conférence a donné, moralement et juridiquement, la base la plus forte aux conditions de paix qu'elle lui a dictées. Quoiqu'il ne s'applique qu'aux réparations, l'article 331 du Traité pose le principe général autour duquel toutes ses dispositions s'accordent, quelle

1. Parties VI, XIV et XV du Traité.

qu'en soit la nature. Il dit que *l'agression de l'Allemagne et de ses alliés a imposé la guerre aux Gouvernements alliés et associés.* Après s'être débattu contre cette affirmation, le Gouvernement allemand a dû la *reconnaître.* Vainement ses partisans, ses journaux et les orateurs de l'Assemblée de Weimar ont-ils prétendu que la contrainte subie enlevait toute autorité à ce jugement. Vainement fait-il publier ou laisse-t-il publier des documents qui tendent à excuser les responsabilités les plus hautes. La culpabilité de l'Allemagne, sa volonté préméditée de faire la guerre et l'adhésion de son peuple tout entier à une guerre criminellement déchaînée par un complice asservi sont des vérités acquises à l'Histoire.

Partout l'opinion publique a prononcé. Aux documents irréfutables que les archives diplomatiques des pays belligérants ont versés aux débats, et dont le Livre Blanc allemand, cyniquement tronqué, n'est pas le moins probant, des témoins ont ajouté des faits nouveaux et décisifs. Quand ces témoins se lèvent sur son propre sol, comment l'Allemagne récuserait-elle les terribles aveux dont ils soulagent leur conscience? Le mémoire du Prince Lichnowsky, le rapport du Docteur Muehlon et les documents révélés par Kurt Eisner renferment des charges accablantes. Leur origine et leur précision ne peuvent laisser aucun doute sur la perfidie avec laquelle l'Allemagne prit prétexte de l'assassinat de l'archiduc François-Ferdinand à Serajevo pour déchaîner la guerre qu'elle préparait depuis tant d'années. L'occasion était bonne « pour en finir », comme disait déjà en 1913 le général de Moltke au roi des Belges. Le Grand État-Major allemand n'avait pas cessé d'exercer habilement sur l'opinion publique la pression indirecte et continue dont le colonel de Ludendorff, alors chef de section, avait, en mars 1913, recommandé l'emploi afin « de fortifier et d'étendre le *Deutschtum*, dans le monde entier ». Il faut, disait-il, « faire pénétrer dans le peuple l'idée que nos armements sont une réponse aux armements et à la politique française. Il faut l'habituer à penser qu'une guerre offensive de notre part est une nécessité pour combattre les provocations de l'adversaire. Il faudra agir avec prudence pour n'éveiller aucun soupçon et éviter les crises qui pourraient nuire à notre vie économique. Il faut mener les affaires de telle façon que, sous la pesante impression d'armements puissants, de sacrifices considérables et d'une situation politique tendue, un déchaînement soit considéré comme une délivrance, parce qu'après lui viendraient des décades de paix et de prospérité comme après 1870. »

La tactique avait réussi. Les mesures de défense prises par le Gouvernement français avaient été dénoncées par la presse germanique comme une provocation et, à la suite de l'attentat de Serajevo, la situation était assez « tendue » pour permettre à l'État-Major prussien et au Gouvernement allemand d'appeler le peuple, qui s'y prêtait complaisamment, à une prétendue politique de délivrance. Quoi qu'en disent ses défenseurs attardés et surtout ses complices, inquiets de ses révélations et menacés de partager son sort, l'Empereur Guillaume II, dont un mot, un seul mot, aurait suffi à empêcher le conflit, se refusa à toutes les démarches qui auraient arrêté l'Autriche sur la pente fatale. Sa lettre du 28 juillet au Chancelier de l'Empire, M. de Bethmann-Hollweg, déclarait bien que la « *capitulation* de la Serbie supprimait tout motif de faire la guerre »; mais ne rendait-il pas en même temps cette guerre inévitable en exigeant que les promesses de la Serbie, *pour n'être pas un chiffon de papier*, fussent suivies de l'occupation de Belgrade, retenue comme un gage nécessaire?

D'ailleurs, la lettre impériale est en contradiction flagrante avec le mémoire déposé sur le bureau du Reichstag le 3 août 1914 par M. de Bethmann-Hollweg. Il y est dit formellement que, si la réponse de la Serbie accordait — et comment le nier? — *quelques satisfactions* aux désirs de l'Autriche-Hongrie, elles n'étaient qu'un atermoiement auquel la monarchie dualiste eut raison de mettre fin par la déclaration de guerre. Cette déclaration de guerre engageait irrévocablement la partie. Le mémoire de M. de Bethmann-Hollweg en fait l'aveu :

« De tout cœur, nous pouvions dire à notre alliée que nous partagions sa manière de voir et l'assurer qu'une action, qu'elle jugeait nécessaire pour mettre fin en Serbie à l'agitation dirigée contre l'existence de la Monarchie, aurait toutes nos sympathies. Nous avions conscience que des actes d'hostilité éventuels de l'Autriche-Hongrie contre la Serbie pourraient mettre en scène la Russie, et nous entraîner dans une guerre de concert avec notre alliée; mais nous ne pouvions, sachant que les intérêts vitaux de l'Autriche-Hongrie étaient en jeu, ni conseiller à notre alliée une condescendance incompatible avec sa dignité, ni lui refuser notre appui dans ce moment difficile. Nous le pouvions d'autant moins que nos intérêts se trouvaient au plus haut point menacés par les menées sourdes continuelles de la Serbie. »

Cet aveu, imposé par l'évidence qui se dégage de l'enchaînement des faits et aussi des documents publiés, a été renouvelé, au cours des négociations de Versailles, par la Délégation allemande. « Si, immédiatement après l'arrivée de la réponse serbe du 27, on avait empêché le cabinet de Vienne de prendre des mesures irrévocables, le résultat aurait pu être décisif. »

La note de la Délégation ajoute que le Cabinet de Berlin « manqua de décision ». La vérité est qu'il s'en tint à la décision de profiter des circonstances pour précipiter la guerre. Aucune des initiatives prises par les Puissances dans le dessein de l'éviter n'eut son concours, ni la demande de prolongation, faite par M. Sazonov, du délai intimé à la Serbie, ni la proposition de médiation à quatre, formulée par Sir Edward Grey, ni la suggestion exprimée par le Tsar et que le Livre Blanc allemand a passée sous silence, de soumettre au Tribunal de la Haye le conflit austro-serbe, ni l'invitation suprême adressée par l'Empereur Nicolas à Guillaume II de s'abstenir, comme il en prenait lui-même l'engagement d'honneur, de tout acte agressif pendant les pourparlers. Tout au contraire, au moment où l'Autriche-Hongrie paraissait, le 31 juillet, disposée à engager une conversation avec l'ambassadeur de Russie, l'Allemagne la rendait impossible en chargeant son ambassadeur à Saint-Pétersbourg d'un ultimatum qu'elle savait devoir déchaîner la guerre. *On a poussé à la guerre*, a écrit le Prince Lichnowsky. L'Histoire a déjà dit que l'Allemagne a voulu la guerre, et ce sont des documents datés de Berlin, autrichiens ou allemands, qui le démontrent. Il faut enregistrer ces témoignages.

Le 25 juillet 1914, le comte Szœgyény, ambassadeur d'Autriche-Hongrie à Berlin, télégraphiait au Ministre des Affaires Étrangères à Vienne :

« Il est généralement admis ici qu'au cas d'un refus possible de la part de la Serbie, notre déclaration de guerre immédiate coïncidera avec les opérations militaires. Un retard dans le commencement d'opérations militaires est considéré ici comme un grand danger à cause de l'intervention d'autres puissances.

On nous conseille d'urgence de commencer immédiatement et de mettre le monde en présence d'un fait accompli. »

Deux jours après, alors que la Serbie avait répondu par ce que l'Empereur Guillaume appelait une « capitulation », le même agent mandait à son Gouvernement :

« Le Secrétaire d'État m'informe d'une manière très nette et très confidentielle que, dans un avenir rapproché, des propositions possibles de médiation de la part de l'Angleterre seraient portées à la connaissance de Votre Excellence par le Gouvernement allemand.

« Le Gouvernement allemand s'oblige par la déclaration la plus formelle *à ne s'associer en aucune façon aux propositions;* au contraire, il est absolument opposé à leur examen et ne les transmet que pour se conformer à la demande anglaise. »

La Délégation allemande a senti la force accusatrice de ces deux télégrammes, émanés d'un ambassadeur allié, et qui mettent directement en cause la perfidie du Gouvernement de Berlin, inquiet de voir lui échapper, soit par la faiblesse de l'Autriche-Hongrie, soit par la soumission de la Serbie, l'occasion qu'il guettait avec une avidité criminelle.

Consultés par elle, M. de Bethmann-Hollweg et M. de Jagow, qu'elle appelle deux hommes « dignes de foi », ont opposé un faible et tardif démenti au témoignage du comte Szœgyény transmis au cours même des événements. Il fallait autre chose : la Délégation allemande, pour ruiner le témoignage par la caducité intellectuelle du témoin, a simplement et froidement ajouté que, « l'ambassadeur austro-hongrois était plus vieux que son âge ».

Par malheur pour l'Allemagne, il se lève contre le Gouvernement de Berlin d'autres témoins qui, dès 1914, sans connaître l'opinion recueillie par le comte Szœgyény, expriment les mêmes sentiments avec une force égale. Le 18 juillet, le Ministre de Bavière, non plus un allié celui-ci, mais un Allemand, renseignait le Gouvernement de Munich sur l'état d'esprit de Berlin après une conversation avec M. de Zimmermann, alors sous-secrétaire d'État aux Affaires Étrangères :

« La démarche que le Cabinet de Vienne s'est décidé à entreprendre à Belgrade et qui consistera dans l'envoi d'une note, sera faite le 25 courant. L'ajournement de cette action jusqu'à ce moment a pour motif qu'on désire attendre le départ de MM. Poincaré et Viviani de Pétersbourg afin de rendre une entente plus difficile aux Puissances de la Duplice pour une contre-action. Jusque-là on se donnera à Vienne l'apparence de sentiments pacifiques par la mise en congé simultanée du Ministre de la Guerre et du Chef de l'État-

Major général; on a aussi agi, non sans succès, sur la presse et sur la Bourse. On reconnaît ici que, sous ce rapport, le Cabinet de Vienne a agi habilement et l'on regrette seulement que le comte Tisza, qui, au début, a dû être opposé à une action énergique, ait quelque peu levé le voile par sa déclaration à la Chambre des Députés.

« D'après ce que m'a dit M. de Zimmermann, la note contiendra les exigences suivantes :

« 1° Publication par le roi de Serbie d'une proclamation disant que le Gouvernement Serbe est entièrement étranger au mouvement panserbe et ne l'approuve pas;

« 2° Ouverture d'une enquête contre les complices du meurtre de Serajevo et participation à cette enquête d'un fonctionnaire autrichien;

« 3° Intervention contre tous ceux qui ont participé au mouvement panserbe.

« Pour l'acceptation de ces exigences, un

délai de quarante-huit heures doit être fixé. Il va de soi que la Serbie ne peut pas accepter ces exigences incompatibles avec sa dignité d'État indépendant. La conséquence serait alors la guerre. Ici on est tout à fait d'accord que l'Autriche profite du moment favorable, même avec le danger de complications ultérieures... Par suite, on est d'avis qu'il s'agit pour l'Autriche de l'heure du Destin, et pour cette raison on a répondu sans hésitation à la demande de Vienne que l'on était d'accord avec toute action à laquelle on se déciderait là-bas, même au risque d'une guerre avec la Russie. »

L'origine, la date et la précision de ce télégramme en font un document d'une importance capitale. Il suffit pour établir la responsabilité du Gouvernement de Berlin, sa préméditation hypocritement dissimulée sous des précautions extérieures, son approbation de l'ultimatum austro-hongrois qu'il savait incompatible avec la dignité et l'indépendance de la Serbie, sa crainte de perdre l'occasion d'une guerre froidement voulue, sa pression sur le Cabinet de Vienne pour hâter ce que le comte Szœgyény appelait, par ailleurs, « le fait accompli ».

La Délégation allemande a répondu que « les soi-disant révélations de Kurt Eisner n'ont rien ajouté de nouveau, dans la mesure où elles ne contiennent rien d'erroné », mais, sauf deux prétendues erreurs de détail, elle s'est prudemment gardée de discuter un document dont les événements ont, en se déroulant, confirmé, de jour en jour, l'accablante exactitude, et que Kurt Eisner a, pour l'avoir publié, payé de sa vie.

***

En déclarant la guerre à la France, l'Allemagne, le 3 août, s'est interdit le jeu qu'elle avait si habilement joué quarante-quatre ans avant.

En 1870, elle réussit, par l'altération frauduleuse d'une dépêche, à donner à la France, au moins dans les apparences, le rôle d'agresseur. Le 3 août 1914, elle a assumé devant le monde et devant l'Histoire la responsabilité de l'agression. Innocente de la déclaration de guerre, la France n'a aucun reproche à se faire dans les événements qui ont déchaîné le sanglant conflit. Son Gouvernement, sa diplomatie, et son commandement ont poussé jusqu'aux limites extrêmes la prudence et la patience. La France qui avait conseillé à la Serbie toutes les concessions compatibles avec la souveraineté d'un État indépendant, ne s'est refusée à aucune tentative de conciliation ou de médiation. Elle a déjoué tous les pièges de l'Allemagne. Interrogé par M. de Schoen sur l'attitude que prendrait la France en cas de conflit entre l'Allemagne et la Russie, M. Viviani ne faisait pas une réponse « non satisfaisante et ambiguë », comme l'a qualifiée M. de Bethmann-Hollweg, il faisait la réponse modérée et digne que la gravité de la situation exigeait, en disant que la France s'inspirerait de ses intérêts. Le retrait des troupes françaises à 10 kilomètres de la frontière allemande, ordonné par le Gouvernement, attestait aux yeux du monde les intentions pacifiques de notre pays; il rendait en même temps impossibles les incidents dont il n'est pas douteux que l'Allemagne s'apprêtait à tirer parti. Contre tant de clairvoyante sagesse, il n'y avait place que pour un prétexte s'appuyant sur un mensonge. L'Allemagne eut recours aux deux.

La déclaration de guerre apportée le 3 août par M. de Schoen disait :

« Les autorités administratives et militaires allemandes ont constaté un certain nombre d'actes d'hostilité caractérisée commis sur le territoire allemand par des aviateurs militaires français. Plusieurs de ces derniers ont manifestement violé la neutralité de la Belgique en survolant le territoire de ce pays; l'un a essayé de détruire des constructions près de Wesel, d'autres ont été aperçus sur la région de l'Eifel, un autre a jeté des bombes sur le chemin de fer près de Karlsruhe et de Nuremberg. »

Aucun de ces faits n'était prouvé, aucun n'était exact. En démentant ces prétendues « agressions », le chef du Gouvernement français précédait les démentis des Allemands eux-mêmes. Le 3 avril 1916, l'autorité municipale de Nuremberg publiait une déclaration décisive : « Le commandant par intérim du 3e Corps d'armée bavarois qui est ici n'a nulle connaissance du fait que, avant ou après la déclaration de guerre, des bombes aient jamais été jetées par des aviateurs ennemis sur les lignes de Nuremberg-Kissingen, de Nuremberg-Ansbach. Toutes les affirmations et les informations des journaux à ce sujet sont manifestement fausses. » Ce démenti, venant des autorités militaires allemandes, a une telle force de démonstration que la Délégation allemande, loin de reprendre à Versailles le prétexte inscrit dans la déclaration de guerre, s'est vue contrainte à son tour d'en reconnaître l'inexactitude : « Il est regrettable, dit-elle, qu'on ait fait, dans la déclaration de guerre à la France, un usage inconsidéré de quelques informations, concernant des attaques d'aviateurs français, qu'on ne prit pas la peine de vérifier. »

L'Histoire, si sévère qu'elle soit, ne portera pas un jugement plus terrible que cette phrase allemande sur le mensonge allemand qui a servi de prétexte, d'unique prétexte, à la déclaration de guerre faite par l'Allemagne à la France,

Il est vrai que la Délégation a tenté indirectement d'atténuer son aveu en imputant à la France, dans une note rejetée aux annexes, le 2 août « au moins cinquante violations de frontière »; le 3 août, « jusqu'au commencement de l'état de guerre à 6 heures du soir, encore seize violations de frontière établies certainement, quatre probables et une possible ».

A l'appui de ces allégations tardives, aucune précision, aucun fait, aucune preuve. Quand la France, en 1914, accusait les soldats ou les avions allemands d'avoir franchi la frontière ou survolé le territoire français, elle citait les lieux où la violation du Droit des Gens s'était produite. Il suffit d'ouvrir le Livre Jaune pour les y trouver. Le Livre Blanc allemand, lui, est muet et l'on voit combien les affirmations de la Délégation allemande sont imprécises. La France a subi la guerre, elle ne l'a pas voulue. L'Allemagne a voulu la guerre, et quelques résistances que le Gouvernement de la République allemande ait faites jusqu'au dernier moment pour éluder la disposition fondamentale de l'article 231 du Traité, cet article énonce une vérité décisive et irréfutable, en affirmant que l'agression de l'Allemagne et de ses alliés a imposé la guerre aux Gouvernements alliés et associés. Aucun pays ne peut, mieux que la France, se réclamer de cette vérité historique.

***

Il est une autre vérité, et celle-là aussi acquise à l'Histoire, qui se dégage de l'article 227 où Guillaume II de Hohenzollern, ex-Empereur d'Allemagne, est mis en accusation « pour offense suprême contre la morale internationale et l'autorité sacrée des traités ». L'Allemagne a, de propos délibéré, violé deux traités internationaux où elle était partie contractante. Garante, aux termes du Traité de Londres du 11 mai 1867, de la neutralité du Luxembourg, l'Allemagne expédiait, dès le 2 août au matin, sur ce territoire neutre, des troupes et des trains blindés sous le prétexte de protéger, sans faire acte d'hostilité, les chemins de fer qui étaient sous l'administration allemande. Contre la protestation du Ministre d'État du Grand-Duché, le Gouvernement de Berlin allégua que des « nouvelles dignes de foi » avaient annoncé la marche des forces françaises vers le Luxembourg. C'était un mensonge. Le même mensonge et presque la même formule devaient lui servir pour prétendre justifier l'invasion, le 4 août, par les troupes allemandes, du territoire belge dont la Prusse avait garanti la neutralité par le Traité de Londres du 19 avril 1839. Le Gouvernement allemand, après avoir vainement tenté d'effrayer ou d'acheter le Gouvernement belge, alléguait que des « nouvelles sûres » ne lui aissaient aucun doute sur l'intention de la France d'occuper le territoire belge. Il fallait un prétexte, l'imagination allemande ne se mettait pas en grand frais pour le trouver, mais a préméditation allemande était ancienne, et ce sont encore ici des documents allemands qui le prouvent.

Dans son rapport de 1913, le colonel de Lulendorff écrivait au nom de l'État-Major de Berlin : « Dans la prochaine guerre européenne, l faudra aussi que les petits États soient conraints à nous suivre ou soient domptés. Dans ertaines conditions, leurs armées et leurs laces fortes peuvent être rapidement vainues ou neutralisées, ce qui pourrait être vraiemblablement le cas pour la Belgique et la ollande, afin d'interdire à notre ennemi de 'Ouest un territoire qui pourrait lui servir de ase d'opération dans notre flanc. »

Après avoir parlé de la neutralité assurée de

la Suisse et de la sécurité que l'Allemagne trouvait ainsi dans le Sud, le rapport ajoutait :

« On ne peut considérer de même la situation vis-à-vis des petits États de notre frontière nord-ouest. Là, ce sera pour nous une question vitale, et le but vers lequel il faut tendre, c'est de prendre l'offensive avec une grande supériorité dès les premiers jours. Pour cela, il faut concentrer une grande armée, suivie de fortes formations de landwehr, qui détermineront les armées des petits États à nous suivre, ou tout au moins à rester inactives sur le théâtre de la guerre, et qui les écraseraient en cas de résistance armée... »

L'exécution du plan d'invasion de la Belgique était, en août 1914, poursuivie par l'État-Major prussien, comme il résulte d'un rapport de la légation bavaroise à Berlin, publié par Kurt Eisner :

« L'Allemagne ne peut pas respecter la neutralité de la Belgique. Le chef de l'État-Major général a déclaré que même la neutralité de l'Angleterre serait un prix trop élevé du respect de la neutralité belge, car une guerre offensive contre la France n'est possible que sur la ligne de la Belgique. »

A ces documents s'ajoutent les trop célèbres aveux devant le Reichstag du Chancelier de l'Empire, l'homme au « chiffon de papier » :

« Messieurs, nous avons été dans la nécessité de nous défendre, et nécessité ne connaît pas de loi. Nos troupes ont occupé le Luxembourg, et peut-être déjà foulé le territoire belge. Messieurs, cela est contraire aux prescriptions du Droit international... Nous avons été contraints de passer outre aux protestations justifiées de la Belgique et du Luxembourg. Cette injustice — je le dis ouvertement — nous la réparerons aussitôt que notre objectif militaire sera atteint. Quand on est menacé comme nous le sommes, et qu'on lutte pour un bien suprême, on ne peut songer qu'à se dégager comme on peut. »

Ces aveux jugent la question. Après la découverte à Bruxelles de certains documents relatifs à des négociations entre l'Angleterre et la Belgique, le Gouvernement allemand, qui en dénaturait sciemment l'esprit, avait essayé d'y trouver la justification du crime qu'il avait commis contre sa parole et contre le Droit des Gens. Mais la Délégation allemande lui a enlevé cette ressource :

« En ce qui concerne la violation de la neutralité belge et luxembourgeoise, les soussignés adoptent complètement le point de vue auquel s'est placé le Chancelier de l'Empire allemand, le 4 août 1914, aux applaudissements du Reichstag, en déclarant qu'il s'agissait « d'une injustice à réparer ». *Ils déplorent que cette façon de voir ait été abandonnée passagère-*

ment pendant la guerre et que l'on ait essayé une justification après coup de l'invasion allemande. »

On connaîtrait mal l'Allemagne, à laquelle la Prusse a transmis ses procédés et ses traditions, si l'on n'était pas sûr que, victorieuse, elle aurait repris et accentué cette justification. Frédéric II commençait « par prendre », et, quand ses troupes avaient exécuté ses ordres, il s'en remettait aux savants du soin de démontrer son bon droit. Les savants allemands n'ont pas manqué au successeur de Frédéric II. « *Il n'est pas vrai*, disait le Manifeste des 93 Intellectuels, que nous ayons violé criminellement la neutralité de la Belgique. Nous avons la preuve irrécusable que la France et l'Angleterre, sûres de la connivence de la Belgique, étaient résolues à violer elles-mêmes cette neutralité. De la part de notre patrie, c'eût été commettre un suicide que de ne pas prendre les devants. »

La Délégation allemande, composée, au dire du comte Brockdorff-Rantzau, d'hommes indépendants, a démenti cette audacieuse affirmation en acceptant sans protestation l'article 232 du Traité qui met à la charge de l'Allemagne, tenue aux restaurations et aux restitutions intégrales, les frais de la guerre injuste que son agression a imposés à la Belgique.

Responsable d'un conflit qu'elle a déchaîné sciemment et coupable de la violation préméditée de la Belgique, l'Allemagne a commis, dans la conduite des opérations militaires, des crimes voulus et continus contre les lois et les coutumes de la guerre.

« *Il n'est pas vrai*, disait encore le Manifeste des Intellectuels, que nous fassions la guerre au mépris du Droit des Gens. Nos soldats ne commettent aucune cruauté indisciplinée. » La Délégation allemande n'a pas osé prendre à son compte une dénégation sur la érité de laquelle le monde entier est aujourd'hui fixé. Elle a même fait des aveux. Le omte Brockdorff-Rantzau disait le 7 mai, à Versailles : « Dans tous les pays ennemis, l'opinion publique retentit des crimes que l'Allemagne aurait commis au cours de la guerre. Sur ce point aussi, nous sommes prêts à confesser les injustices que nous avons commises. Nous ne sommes pas venus ici pour atténuer la responsabilité des hommes qui ont conduit la guerre au point de vue politique et économique et pour nier les crimes commis contre le Droit des Gens... »

Il y aurait dans cet aveu une fierté indéniable si le premier plénipotentiaire allemand na'vait pas tout de suite tenté d'en détruire l'effet en imputant aux adversaires de l'Allemagne des faits et des fautes semblables à ceux dont il acceptait la responsabilité pour les armées de son pays. Cette position est peut-être habile; elle est, en fait et en droit, inacceptable. Aucune comparaison n'est possible, et moins encore aucune compensation, entre des actes isolés, individuels, accidentels, et la conduite systématiquement barbare de la guerre. Or, les Allemands ont érigé la cruauté en système. Fidèles aux doctrines de Clausewitz, de Von Hartmann, de Von Bernhardi, de Von Haeseler, ils opposent au Droit des Gens l'emploi illimité de la force brutale. M. Erzberger a proclamé que « la guerre, instrument dur et rude, doit être aussi impitoyable que possible ». Et l'on sait si les armées allemandes se sont refusées à la pitié !

La Conférence de la Paix a dressé sous trente-deux chefs le sommaire des crimes contre les lois et coutumes de la guerre et contre les lois de l'Humanité qui sont imputables à l'Allemagne et à ses alliés :

1° Meurtres et massacres, terrorisme systématique ;

2° Mise à mort d'otages;

3° Tortures infligées aux civils;

4° Famine imposée aux civils;

5° Viols;

6° Détournements de jeunes filles et de femmes pour les contraindre à la prostitution;

7° Déportations de civils;

8° Internement de civils dans des conditions sauvages;

9° Travail forcé de civils obligés de participer à des travaux en relation avec les opérations militaires;

10° Usurpation des droits souverains de l'État pendant l'occupation militaire;

11° Enrôlements obligatoires de soldats pris parmi les habitants des pays occupés;

12° Tentatives faites pour dénationaliser les habitants des territoires occupés;

13° Pillages;

14° Confiscations de propriétés;

15° Contributions et réquisitions illégales ou exorbitantes;

16° Dépréciation du système monétaire et émission de fausse monnaie;

17° Impositions de pénalités collectives;

18° Dévastations et destructions sans raison de la propriété;

19° Bombardements intentionnels de places sans défense;

20° Destruction sans raison de monuments et bâtiments religieux, de bienfaisance, d'éducation, et historiques;

21° Destruction de navires marchands et de navires à passagers sans avertissement et sans précaution pour la sécurité des équipages et des passagers;

22° Destruction de bateaux de pêche et de convois de ravitaillement;

23° Bombardements intentionnels d'hôpitaux;

24° Attaques et destructions de navires-hôpitaux;

25° Infractions aux règlements de la Croix de Genève;

26° Usage de gaz délétères et asphyxiants;

27° Usage de balles explosibles ou expansives et autres armes inhumaines;

28° Ordre de ne point faire de quartier;

29° Mauvais traitements infligés aux blessés et aux prisonniers de guerre;

30° Emploi des prisonniers de guerre à des travaux non autorisés;

31° Emploi abusif du drapeau blanc;

32° Empoisonnement des puits.

Cette énumération, si longue et si précise qu'elle soit, n'est pas limitative et il ne sera malheureusement pas impossible d'ajouter des infractions nouvelles à la terrible liste des crimes commis par les Allemands. Cette liste, qui s'appuie sur des faits innombrables, ne justifie que trop le jugement porté dans la lettre du 16 juin 1919 par les Puissances alliées et associées sur « la manière sauvage et inhumaine » dont l'Allemagne a conduit la guerre. Les Puissances alliées et associées ont eu raison de dire que « la conduite de l'Allemagne est à peu près sans exemple dans l'histoire de l'humanité. »

Si la France n'a pas subi toutes les violations du droit, accidentelles ou systématiques, que contient le sommaire dressé par la Conférence, elle a peut-être connu celles qui heurtent le plus violemment les principes du Droit des Gens et les sentiments les plus sacrés de l'Humanité. Sans qu'on puisse les examiner une à une, il est impossible de ne pas rappeler l'enlèvement en masse, au mois d'avril 1916, et la dispersion de 25.000 femmes, jeunes filles ou hommes de Lille, de Roubaix et de Tourcoing.

Ce crime commis contre des civils inoffensifs dépasse en horreur, par sa conception générale et par les détails de son exécution, tous les forfaits dont on peut incriminer la barbarie allemande. L'Allemagne avait signé à La Haye, en 1907, des conventions qui plaçaient les habitants des pays ennemis occupés par un belligérant sous la sauvegarde « des usages établis entre les nations civilisées, des droits de l'humanité et des exigences de la conscience publique ». Elle avait aussi promis de respecter « l'honneur et les droits de la famille ». Les documents publiés démontrent avec quel raffinement dans la cruauté elle a violé ces conventions et renié ces promesses. Le maire de Lille, M. Delesalle, et l'évêque, Mgr Charost, élevèrent une courageuse protestation. Monseigneur Charost disait avec force :

« Disloquer la famille en arrachant des adolescents, des jeunes filles à leur foyer, ce n'est plus la guerre, c'est pour nous la torture, et la pire des tortures, la torture morale indéfinie. L'infraction au droit familial se doublerait d'une infraction aux exigences les plus délicates de la moralité. Celle-ci est exposée à des dangers dont la vue seule révolte tout homme honnête du fait de la promiscuité qui accompagne fatalement des enlèvements en masse, mêlant les sexes ou, tout au moins, des personnes de valeur morale très inégale. Des jeunes filles, d'une vie irréprochable, n'ayant commis d'autre délit que celui d'aller chercher du pain ou quelques pommes de terre pour nourrir une nombreuse famille, ayant au surplus purgé la peine légère que leur avait valu cette contravention, ont été enlevées. Leurs mères, qui avaient veillé de si près sur elles et qui n'avaient que cette unique joie de les garder près d'elles dans l'absence du père et des grands fils, partis ou tués à la guerre, sont seules maintenant. Elles portent ici et là leur désespoir et leur angoisse. Je dis ce que j'ai vu et entendu... »

Cette protestation laissa insensible la Kommandatur.

Nos collègues MM. Delory et Ragheboom nous ont dit, dans la séance du 22 octobre 1918, au milieu de notre émotion unanime, la brutalité d'exécution qui aggrava une mesure déjà trop odieuse. M. Delory, dont son collègue du Nord partageait les sentiments, concluait en protestant contre une paix sans réparations.

« Il est impossible, disait-il, de passer l'éponge sur de pareils actes. Ne pas réclamer une paix de justice serait un crime contre la France, un crime contre l'Humanité. »

Ces paroles exprimaient le sentiment national. L'Allemagne a froidement tenté d'assassiner la France, de détruire son industrie, sa terre, sa race. M. Paul Deschanel a dit : « L'oubli serait une trahison et un suprême péril. » La Chambre entière a applaudi ce langage. Mais il ne suffit pas de ne pas oublier, il faut que les coupables expient leurs crimes.

La Délégation allemande elle-même a reconnu la nécessité de « donner satisfaction aux revendications légitimes de la conscience morale là où une injustice a réellement été commise ».

Il sera impossible, hélas! de réparer toutes les injustices dont la conscience morale a souffert. Mais la justice, pour être efficace, ne saurait se contenter d'une flétrissure à la fois solennelle et dérisoire :

« Il n'y a de sécurité dans aucun pays, disait, le 14 novembre 1917, M. Lloyd George, si le châtiment n'est pas une certitude. Il n'existe aucune protection pour la vie, pour les biens, pour l'argent, dans un État où le criminel est plus puissant que le Droit. Le Droit international ne fait pas exception et tant qu'on ne lui aura pas donné satisfaction, la paix du monde restera toujours à la merci de toute nation à qui ses professeurs n'auront cessé d'apprendre à croire qu'aucun crime n'est répréhensible aussi longtemps qu'il a pour objet l'agrandissement et l'enrichissement du pays auquel ces professeurs doivent leur allégeance. Dans l'histoire du monde, il y a souvent eu des États criminels. Nous avons en ce moment affaire à un de ces États. Il y aura toujours des États criminels jusqu'au moment où les fruits à recueillir d'un crime international seront trop précaires pour être profitables, et où le châtiment d'un crime international sera trop sûr pour que ce crime ait de l'attrait... »

Les articles 227 à 231 du Traité ont traduit en actes la déclaration du Premier Ministre de la Grande-Bretagne. L'article 227 met en accusation publique devant un tribunal spécial composé de cinq juges nommés par les États-Unis d'Amérique, la Grande-Bretagne, la France, l'Italie et le Japon, Guillaume II de Hohenzollern « pour offense suprême contre la morale internationale et l'autorité sacrée des traités ». Cette poursuite, où l'accusé devra trouver des garanties de défense qu'il a, pendant la guerre, refusées à des milliers de victimes, ouvre à la morale internationale une voie nouvelle. Quelques protestations qu'elle soulève en Allemagne, et malgré les difficultés qu'elle présente, il faut qu'elle ait lieu. Elle procède non d'un sentiment de vengeance, mais d'un droit de justice. L'autorité morale et la force efficace du Traité seraient dangereusement atteintes si les Puissances alliées et associées ne faisaient pas tous leurs efforts pour assurer l'exécution de cette disposition. Elles en ont mesuré la gravité et elles en ont pesé les conséquences. Au nom de la Justice et pour décourager ceux qui pourraient être tentés de suivre un criminel exemple, elles ont déclaré « essentiel le châtiment de ceux qui sont responsables des calamités dont souffre le genre humain ».

Il eût mieux valu ne rien dire si l'on devait un jour se résigner à ne rien faire. La conscience publique a pris acte de l'engagement solennel des Alliés. Ils lui ont promis des juges. Il faut que les coupables soient jugés.

Parmi les responsabilités encourues, aucune n'est plus haute mais aucune n'est plus grave, que celle de l'Empereur allemand. Il aurait pu, juridiquement, être poursuivi pour avoir contrevenu aux lois et coutumes de la guerre. Chef suprême des armées de terre et de mer, le « Seigneur de la Guerre » a non seulement connu, mais il a toléré et il a encouragé les forfaits que ses troupes ont commis sur terre et sur mer. L'Histoire lui demandera compte de cette responsabilité. Elle jugera aussi la part qu'il a prise à la déclaration de guerre. Sur ces deux points, le Traité de Versailles l'exempte de toute poursuite. Il n'a retenu que la violation des traités, dont l'autorité sacrée intéresse la morale internationale et la sécurité des peuples. L'invasion de la Belgique, en particulier, a été un acte prémédité que l'Empereur Guillaume II préparait, depuis 1913, avec ses généraux. Il faut qu'il en rende compte. Puisqu'il n'a pas le courage, que lui a conseillé son ancien chef d'État-Major, le général von Falkenhayn, de se présenter librement et la tête haute devant ses juges, les Gouvernements alliés et associés auront le devoir de requérir son extradition.

En le livrant au Tribunal international qui doit le juger, le Gouvernement des Pays-Bas donnera une suite logique à la signature que le Gouvernement allemand a apposée au bas du Traité.

Quant aux personnes accusées d'avoir commis des actes contraires aux lois et coutumes de la guerre, l'article 228 en défère la poursuite aux tribunaux militaires. L'Allemagne a promis de les livrer. Ici l'extradition, au sens juridique du mot, n'est pas nécessaire. L'exécution du Traité ne dépend que de l'Allemagne et de la volonté supérieure des Puissances alliées et associées. La pitié serait une abdication si elle s'appliquait au « plus grand crime contre l'Humanité et la Liberté des peuples qu'ait jamais commis sciemment une nation se prétendant civilisée ». Le Président du Conseil français a promis de ne pas se laisser apitoyer. M. Lloyd George a prononcé, en déposant le Traité sur le Bureau de la Chambre des Communes et aussi au moment de sa discussion, des paroles qui l'engagent d'autant plus que le procès doit se juger en Angleterre. On peut compter sur la fermeté du Président Wilson et sur la loyauté de l'Italie et du Japon. Ainsi les articles 227 à 231 recevront leur exécution intégrale. La liste des coupables réclamés sera remise à l'Allemagne dans le mois qui suivra la mise en vigueur du Traité. La France saura gré à son Gouvernement de n'oublier aucun des chefs responsables qui ont violé, sur son sol envahi et ravagé, les conventions de La Haye, les lois de la guerre et les droits les plus sacrés de l'Humanité.

DEUXIÈME PARTIE

LE STATUT POLITIQUE DE L'ALLEMAGNE
LA LIGUE DES NATIONS
LES COLONIES ALLEMANDES
L'ADMISSION DE L'ALLEMAGNE DANS LA LIGUE

L'abdication et la fuite honteuse de Guillaume II, qui libéraient l'Allemagne de la dynastie des Hohenzollern, avaient pour les Puissances alliées et associées un avantage dont l'Histoire regrettera peut-être qu'elles n'aient pas tiré un meilleur parti. Tous les Gouvernements de l'Entente avaient proclamé leur volonté d'anéantir le militarisme prussien. L'événement leur en donnait une occasion inespérée. Le militarisme prussien n'est pas uniquement d'essence dynastique : il est l'expression armée de l'hégémonie prussienne sur l'Allemagne, et, sans remonter à 1848 et au Parlement de Francfort, il suffit d'évoquer l'histoire de la guerre de 1914 pour savoir que les libéraux, les démocrates et les socialistes de la Prusse ont compté parmi les adeptes les plus ardents du pangermanisme. L'abdication de l'Empereur allemand et l'effondrement des dynasties confédérées ne réglaient pas le problème de l'Allemagne. Tant que la Prusse pouvait continuer à parler et à décider en maîtresse pour le compte de la Confédération, il n'y avait qu'un changement de décor; la pièce restait la même. De Guillaume II à Erbert, M. Erzberger, acteur important dans les négociations, était *Reichsminister*, ministre d'Empire. Il importait peu que l'Empire (le *Reich*) eût un président de la République ou un Empereur héréditaire si la structure même de l'organisme intérieur ne subissait pas de modification et si, pour tout dire, l'Allemagne vaincue en 1918 pouvait, au prix d'une modalité superficielle, négocier au même titre que l'Allemagne victorieuse de 1871. Aucun des quatorze articles proclamés par le Président Wilson ne s'opposait à la dissociation de l'Allemagne. L'Empire allemand était né, en 1871, d'un Pacte intérieur auquel plusieurs États, et notamment la Bavière, n'avaient pas accédé sans résistance et sans mauvaise humeur. Bismarck avait manœuvré pour écarter l'intervention d'un Congrès européen qu'il redoutait. Comment les Puissances alliées et associées n'ont-elles pas compris l'avantage que cette situation, retournée contre l'Allemagne, offrait à la sécurité de l'Europe? En traitant avec chacun des États confédérés, elles auraient isolé la Prusse et, du coup, ajouté aux précautions militaires la garantie suprême sous laquelle se serait écroulé le militarisme prussien. On peut regretter que l'armistice, dont les clauses générales et, si je peux dire, protocolaires, auraient dû être depuis longtemps préparées, ait pris les Puissances alliées et associées au dépourvu. Mais de l'armistice au projet de paix soumis à l'Allemagne, du 11 novembre 1918 au 7 mai 1919, il s'est écoulé sept mois. La question n'a-t-elle pas été posée? Pourquoi n'a-t-elle pas été résolue? Quelles raisons, quelles objections, quels obstacles se sont-ils levés contre une solution dont l'histoire, le bon sens et la paix du monde s'accordaient pour affirmer la nécessité ou l'utilité? Signé avec l'Empire allemand à Versailles, dans la Galerie des Glaces, le 28 juin 1919, le Traité de paix a glorieusement effacé un souvenir douloureux, mais il n'a pas supprimé la signification de la cérémonie qui fut célébrée, dans cette même Galerie, autour de l'Empereur Guillaume Ier, sous l'œil triomphateur de Bismarck, le 18 janvier 1871.

L'œuvre dynastique de Bismarck s'est

écroulée. Qui oserait en dire autant de son œuvre nationale? En traitant avec l'Empire allemand, les Puissances alliées et associées ont donné à la constitution unitaire de l'Allemagne une consécration officielle que le Chancelier de Fer n'aurait pas osé rêver. Vingt-sept puissances d'Europe, d'Amérique et d'Asie ont reconnu l'*Empire allemand.* Était-ce une nécessité? Les raisons en resteront secrètes comme la négociation qu'elles ont inspirée. Il faut seulement espérer que la faute, si une faute a été commise, ne coûtera pas trop cher à l'Europe. Déjà, on peut mesurer le surcroît de forces que l'abolition des dynasties particulières apporte à la République d'Empire. La Constitution qui s'élabore tend à diminuer les droits des États et à les dépouiller, au profit d'une unité plus étroitement resserrée, des prérogatives ou des privilèges qui pouvaient leur donner l'illusion d'une existence propre. La Bavière, en particulier, dont une politique habile aurait pu peut-être exploiter les ressentiments contre la Prusse et les velléités d'indépendance, risque de connaître, sous la République, une autonomie moindre que celle dont elle jouissait sous Guillaume II. Sans doute, les ministres du *Reich* affectent de prêcher la renonciation à toute idée de revanche et la discipline dans le travail. Mais en même temps ils disent leur espoir d'une revision du Traité, pour laquelle ils obtiennent, dans une certaine presse d'Angleterre et des États-Unis d'Amérique, des concours qui en disent long sur la continuité de l'action allemande. D'un autre côté, M. Muller, ministre des Affaires Étrangères prononce une parole singulière : « Maintenant comme auparavant, nos efforts tendent vers l'union avec nos frères de l'Autriche allemande. » Qu'est-ce à dire? Le *Reichsminister des Auswartigen* a-t-il déjà oublié l'article 80 du Traité au bas duquel il a apposé sa signature? « L'Allemagne reconnaît et respectera strictement l'indépendance de l'Autriche, dans les frontières qui seront fixées par le Traité de Paix entre cet État et les Puissances alliées et associées; elle reconnaît que cette indépendance sera inaliénable si ce n'est du consentement du Conseil de la Société des Nations. »

***

La Ligue des Nations, ainsi dressée comme un obstacle contre les ambitions territoriales de l'Allemagne, peut-elle remplacer, au point de vue de la paix générale, les garanties que la dissociation de l'Empire aurait certainement données à la tranquillité et à la sécurité du monde? Le Président Wilson n'avait pas attendu l'intervention armée des États-Unis dans le conflit pour affirmer la solidarité et pour préconiser l'union de toutes les nations contre le péril d'une agression isolée et arbitraire. Dès le 2 septembre 1916, il affirmait à

Washington que les États-Unis ne pourraient pas se désintéresser de la guerre. « Nous sommes, disait-il, des associés, que nous le voulions ou non, en tant que nous participons à la vie du monde. Les intérêts de toutes les nations sont aussi les nôtres. Nous sommes les partenaires des autres peuples. » Il ajoutait : « Les principes du droit public doivent prévaloir désormais sur les intérêts particuliers de telle ou telle nation; toutes les nations de l'univers doivent instituer une *sorte de ligue* pour obtenir que le droit prévale contre toutes sortes d'agressions égoïstes, pour éviter qu'une alliance se dresse contre une autre alliance, une entente contre une autre entente, car il faut un accord universel en vue d'un objet cher à tous, et cet objet se définit essentiellement le respect absolu du droit des peuples et de l'Humanité. Les nations de l'univers sont toutes devenues voisines les unes des autres. C'est leur intérêt même de s'entendre entre elles. Pour s'entendre entre elles, il est indispensable qu'elles acceptent de travailler de concert à une œuvre commune et qu'à cette collaboration président l'équité et l'impartiale justice. »

L'idée n'était pas neuve, puisque en France même, l'abbé de Saint-Pierre, J.-J. Rousseau et Joseph de Maistre l'avaient exprimée avec une singulière clairvoyance. Mais si le Président Wilson ne peut pas en revendiquer la paternité doctrinale, il faut reconnaître que nul plus que lui n'a contribué à la développer, à la préciser, et à l'imposer à l'opinion publique. Sa foi agissante ne s'est laissé arrêter ni par les négations, ni par les doutes, ni par les ironies que toute idée hardie et généreuse, où le secret de l'avenir est renfermé, rencontre sur sa route. Son infatigable propagande a abouti. Du discours prononcé à Washington le 27 mai 1916 au discours prononcé devant la Conférence le 14 février 1919, le temps a été long et le chemin semé d'obstacles, mais il n'a pas fallu moins que cet effort continu et tenace pour faire d'une opinion individuelle la charte internationale de quarante-cinq États. Que cette charte n'ait pas, du premier coup, réalisé toutes ses intentions, qu'elle soit insuffisante, étroite et timide, il ne faut pas s'en étonner. L'idée est trop hardie, elle bousculait trop de traditions et elle heurtait trop d'ambitions, inavouées mais encore vivaces, pour donner au premier essai sa pleine mesure. En inscrivant le Pacte de la Ligue des Nations en tête du Traité de Paix, dont ses vingt-six articles forment la première partie, la Conférence de Versailles a marqué qu'il est, non pas un préambule, mais une clef de voûte dont tout l'édifice reçoit son équilibre. Tout se ramène à ce Pacte fondamental. Il ouvre une ère nouvelle et il commande l'avenir. S'il n'est pas plus hardi, et s'il pose trop de principes dont aucune sanction n'assure l'exécution, s'il fait des recommandations généreuses et s'il donne trop souvent des avis ou des conseils au lieu d'édicter des ordres ou de formuler des prohibitions, suivis d'effet, la faute n'en est pas aux représentants de la France.

Si leur voix avait été écoutée, surtout celle de M. Léon Bourgeois dont l'expérience et l'autorité méritaient un meilleur sort, la sécurité du monde aurait eu les garanties qui lui manquent. L'arbitrage trouve, dans le Pacte de la Ligue des Nations, des règles assez souples et assez précises, malgré leur complexité inévitable, pour qu'on puisse en attendre des résultats que la Convention de La Haye n'avait pas suffisamment procurés à la paix. Mais le désarmement s'y résoud en une proclamation de principes sans obligation, sans sanction, sans efficacité où tous ceux-là verront une faillite douloureuse qui attendaient de la Ligue des Nations, sinon l'impossibilité de la guerre, du moins des obstacles rendant les guerres presque impossibles, et une sécurité internationale suffisamment armée et assurée pour réduire au strict minimum le service militaire obligatoire dans chaque pays.

L'article 26 ouvre heureusement la porte à une revision. Le Gouvernement français a promis d'en assumer l'initiative et de s'y attacher avec une persévérante énergie. La France n'a qu'à reprendre les amendements français pour donner au Pacte les sanctions et les moyens d'exécution dont il est si fâcheusement dépourvu.

Tel quel, et malgré ses imperfections, il est d'ailleurs susceptible de rendre de grands services et de désarmer l'ironie malveillante qui guette son inaction ou son impuissance. La solidarité internationale qu'il proclame n'est pas un vain mot. Elle peut être agissante et la Ligue peut, en son nom, prévenir, empêcher ou limiter des conflits. Les articles 10 et 11 établissent entre les quarante-cinq signataires du Pacte un lien de droit auquel, en cas de rupture par l'un des associés, l'article 16 apporte, sous la forme de mesures économiques et financières prises en commun, des garanties qu'il ne faut pas dédaigner. L'autorité morale des associés ajoutera à ces mesures sa force persuasive. Comment ne pas regretter que la France se soit contentée d'une voix tandis que l'Empire britannique ne disposera pas, avec ses dominions et ses colonies, de moins de six suffrages! N'avons-nous pas su demander ou n'avons-nous pas pu obtenir? Nos intérêts, nos droits et nos sacrifices parlaient pourtant pour nous. Il aurait suffi de les faire entendre pour que leur voix fût écoutée. Il en est temps encore. La France, quand elle siège au Congrès des Nations, mérite mieux que le traitement de la nation la moins favorisée.

Le Traité du 28 juin n'ouvre pas seulement à la Ligue des Nations un avenir plein de promesses : il lui assure, dans l'exécution de plusieurs de ces dispositions, un rôle immédiat qu'il y a intérêt à mettre en lumière.

C'est la Ligue des Nations qui statuera après consultation populaire, sur la réunion à la Belgique des cercles d'Eupen et de Malmédy (art. 34).

C'est elle qui, comme fidéi-commissaire de l'Allemagne, reçoit les territoires assignés au bassin de la Sarre (art. 49), désigne trois sur cinq des membres de la Commission de délimitation (art. 48) et gouverne le territoire dont elle nomme la Commission (annexe § 16 à 19).

La Ligue des Nations décidera, à l'expiration du délai de quinze ans, après un plébiscite, de la souveraineté sous laquelle le territoire sera placé et elle prendra les dispositions nécessaires pour l'organisation du nouveau régime (annexe § 34 à 40).

L'Allemagne a accepté, pour l'époque où elle sera admise dans la Ligue des Nations, d'observer strictement les décisions que le Conseil prendra relativement à son armement (art. 164) et elle s'est engagée, aussi longtemps que le Traité restera en vigueur, à se prêter à toute investigation que la majorité du Conseil de la Ligue pourra juger nécessaire. Cette disposition est de portée générale (art. 213).

La Ligue des Nations pourra décider, douze mois avant l'expiration du délai de cinq ans prévu au texte, que seront prolongées certaines obligations relatives aux douanes, à la navigation ou au traitement des ressortissants des Puissances alliées et associées (art. 280).

C'est la Ligue des Nations qui se prononcera, en cas de divergence, sur la remise en vigueur des conventions et des traités bilatéraux que chacune des Puissances alliées et associées voudra exiger de l'Allemagne (art. 289).

Le Conseil de la Ligue interviendra, en cas de désaccord, dans la constitution des tribunaux arbitraux mixtes (art. 304 *a*). Il statuera en dernier ressort sur les conditions du transfert par l'Allemagne des assurances sociales et d'État à la Puissance cessionnaire de territoires en Europe ou mandataire de la Ligue aux colonies (art. 312).

C'est une juridiction instituée par la Ligue qui règlera, à défaut de l'État riverain, les travaux d'entretien et d'amélioration de la partie internationale d'un réseau navigable (art. 336). La Ligue approuvera le régime définitif que les Puissances alliées et associées appliqueront aux voies navigables dont elles reconnaîtront le caractère international (art. 338). Elle interviendra dans la nomination de la Commission chargée d'administrer le Niemen (art. 342).

La Ligue statuera sur les différends relatifs aux clauses du Traité qui réglementent les ports, voies d'eau et voies ferrées (art. 376) et sur la revision ou sur la réciprocité de certaines de ces clauses (art. 377 et 378). Elle approuvera, si les Puissances alliées et associées décident de l'imposer à l'Allemagne, toute convention générale, concernant le régime international du transit, des voies navigables, des ports et des voies ferrées (art. 279). Elle instituera une juridiction chargée de faire respecter les dispositions du Traité relatives au canal de Kiel (art. 386).

Enfin, attendu que la Ligue des Nations a pour but d'établir la paix universelle, et qu'une telle paix ne peut être fondée que sur la base de la justice sociale, la Ligue jouera un rôle important, que définissent de nombreux articles, dans l'*Organisation du travail* qui fait l'objet de la partie XIII du Traité de Versailles.

Cette énumération se complète par les dispositions du Traité qui règlent le sort des colonies allemandes. La sixième des quatorze propositions du Président Wilson visait « un règlement, débattu dans un esprit large et absolument impartial, de toutes les revendications coloniales, fondé sur ce principe rigoureusement observé que, pour résoudre les problèmes de souveraineté, les intérêts des populations en cause pèseront d'un même poids que les revendications équitables du Gouvernement dont les titres sont examinés. »

Cette proposition a inspiré les articles 22 et 23 du Traité du 28 juin. En les présentant, sous une forme qui a peu changé, le 16 février 1919, au nom de la Commission devant la Conférence de la Paix, le Président des États-Unis tenait à affirmer qu'ils avaient fait l'objet d'un « examen très sérieux » de la part des cinq grandes Puissances, dont ils exprimaient la conclusion unanime. D'une façon générale, on peut dire que les colonies allemandes sont remises à la Ligue des Nations, qui en disposera au profit des Puissances alliées et associées, reconnues comme mandataires. La Délégation allemande a prétendu, mais elle n'a pas démontré, que les articles 22 et 23 du

Traité sont en contradiction avec le cinquième point du programme wilsonien. Nul n'a plus que le Président Wilson autorité pour répondre. Il disait, le 16 février, en protestant contre *l'oppression des peuples faibles par des nations sans conscience :* « Un des derniers et des plus tristes exemples que nous ayons vus a été révélé par les faits mis en lumière dans ces derniers temps, par les agissements de la Puissance aujourd'hui heureusement vaincue, dans les territoires qu'elle occupait hors de l'Europe. Nous avons vu qu'elle avait, dans certains cas, compris son intérêt comme coïncidant, non pas avec le progrès, mais avec l'extermination des populations. Son désir était non pas d'aider, de développer ces peuples, mais de s'emparer de leur sol pour y établir des colonies européennes. Aucun désir de les élever et de les soutenir ne guidait son action. Le monde nouveau exprime aujourd'hui la conviction de sa conscience sous une forme juridique et dit : ce système doit finir. »

En mettant fin à ce système, selon les modalités qui répondent aux règles du droit international et à l'équité, le Traité de Paix a libéré 13 ou 14 millions d'indigènes, soumis à des traitements contre lesquels certaines voix allemandes, qui protestent aujourd'hui, eurent autrefois le courage de s'élever. L'Allemagne a perdu la guerre : elle subit, en perdant ses colonies, le sort que le mémoire de l'État-Major général avait trouvé logique en 1913. « Il n'y aurait pas à s'inquiéter du sort de nos colonies, disait ce mémoire. Le résultat final en Europe le règlera pour elles. » Il l'a réglé.

S'il semble que l'Allemagne se soit assez vite inclinée, malgré ses protestations officielles, devant cette fatalité inévitable, elle a moins bien pris son parti de n'être pas immédiatement admise dans la Ligue des Nations. Sa tendresse pour cette création, à laquelle son attitude dans les Congrès de La Haye ne paraissait guère la préparer, lui a inspiré un long mémoire dont toutes les dispositions ne devront pas être rejetées. Mais l'Allemagne se préoccupe visiblement moins des statuts définitifs de la Ligue que de son désir d'y entrer tout de suite.

M. de Brockdorff-Rantzau demandait déjà cette accession dans son discours du 7 mai. Depuis, les notes de la Délégation se sont faites pressantes pour obtenir « l'entrée de l'Allemagne comme Puissance à droits égaux dans la Ligue des Peuples ». Les Puissances alliées et associées auraient commis un crime envers leurs peuples si elles avaient cédé à cette exigence. Qu'on se rappelle le préambule du Pacte :

« Les Hautes Parties contractantes;

« Considérant que, pour développer la coopération entre les nations et pour leur garantir la paix et la sûreté, il importe :

« D'accepter certaines obligations de ne pas recourir à la guerre;

« D'entretenir au grand jour des relations internationales fondées sur la justice et l'honneur;

« D'observer rigoureusement les prescriptions du droit international, reconnues désormais comme règle de conduite effective des Gouvernements;

« De faire régner la justice et de respecter scrupuleusement toutes les obligations des Traités dans les rapports mutuels des peuples organisés;

« Adoptent le présent Pacte qui institue la Société des Nations. »

Il n'y a pas dans cette déclaration un mot qui ne soit justement pesé pour condamner l'Allemagne. Tout porte contre elle, responsable d'une guerre où elle a, sans justice et sans honneur, violé les Traités qu'elle avait signés et foulé aux pieds de ses armées sauvages les règles du Droit international. Personne ne songe à lui interdire à tout jamais l'accès de la Ligue des Nations. Ce serait une faute, mais la faute ne serait pas moins grave qui consisterait à la mettre, tout de suite, sur un pied d'égalité avec les peuples qu'elle a trahis, envahis, ou dévastés. Cette absolution blesserait la conscience publique et nuirait aux débuts de la Ligue elle-même. Une épreuve, sinon même une expiation, est nécessaire. Trop d'hommes anciens, associés aux responsabilités criminelles du Gouvernement déchu, sont commis à la garde et au jeu des institutions nouvelles. On n'est pas assez sûr qu'ils aient changé et que leur langage, qui s'efforce vers plus de sagesse, traduise l'évolution sincère de leurs sentiments. La destruction de la flotte à Scapa Flow et l'incinération des drapeaux français, ne sont pas de bons indices et il faudra des faits d'un autre ordre, d'autres actes et d'autres preuves pour que les promesses de l'Allemagne, jugées dignes de foi, donnent au monde la sécurité confiante dont il a besoin. Comme l'a dit avec force le Président Wilson : « L'Allemagne doit se refaire une réputation, non par ce qui est arrivé à la table de la paix, mais par ce qui suivra. » Les Puissances alliées et associées ont promis à l'Allemagne de l'admettre à la Ligue des Nations « dans un avenir non éloigné ». C'est elle qui fixera par son attitude la date de cette accession.

Comment cette admission sera-t-elle prononcée?

L'article premier du Traité fixe des conditions générales dont l'Allemagne devra subir la loi comme tous les États qui désireront entrer dans la Ligue : « Tout État, dominion ou colonie qui se gouverne librement... peut devenir membre de la Société si son admission est prononcée par les deux tiers de l'Assemblée, *pourvu* qu'il donne des garanties effectives de son intention sincère d'observer ses engagements internationaux et qu'il accepte le règlement établi par la Société en ce qui concerne ses forces et ses armements militaires et navals. »

Ainsi l'Assemblée statue sur l'admission à laquelle les deux tiers des voix suffisent, par dérogation à l'article 5 qui exige, en principe et en règle générale, l'unanimité pour toutes les décisions de l'Assemblée et du Conseil. Est-ce l'Assemblée qui examinera les *garanties effectives* et les *intentions sincères* de l'État postulant? S'il en était ainsi, ces garanties et ces intentions seraient recommandées plutôt qu'elles ne seraient exigées puisque, même si elles n'existaient pas, il suffirait de la majorité requise pour que l'admission fut régulière.

On sent quel péril une semblable interprétation ferait courir à la Ligue. Ne faut-il pas, pour donner à l'article premier, sa portée réelle, s'inspirer du texte primitif du Président Wilson auquel il a été emprunté? « L'admission dans la Ligue d'États ne peut se faire sans l'*assentiment* des deux tiers au moins des États représentés dans l'Assemblée des délégués. Aucune nation *d'ailleurs* ne pourra être admise si elle n'est pas en mesure de donner des garanties effectives de son intention loyale d'observer les obligations internationales. »

Ce texte marque bien que l'examen des garanties doit précéder et éclairer l'assentiment de l'Assemblée, et c'est l'interprétation qu'il faut donner à l'article premier si l'on veut lui appliquer l'esprit dans lequel le Président Wilson l'a fait adopter.

D'accord avec le Gouvernement, nous croyons donc fermement que les garanties seront examinées par le Conseil « qui connaît de toute question rentrant dans la sphère d'activité de la Ligue » (art. 4) et qui devra se prononcer à l'unanimité.

TROISIÈME PARTIE

RESTITUTIONS TERRITORIALES

L'ALSACE ET LA LORRAINE — LA POLOGNE LE SLESVIG — LA BELGIQUE

Les Puissances alliées et associées ont eu la volonté de faire un Traité de justice. Le Traité signé à Versailles ne mériterait pas ce nom s'il ne contraignait pas l'Allemagne vaincue à restituer à leurs pays d'origine, dont leurs cœurs et leurs espérances ne se sont jamais séparés, des provinces que seule la force lui a données et gardées.

Contrainte à la guerre par une agression brutale, la France tout entière s'était raidie dans la volonté solennelle de ne déposer les armes qu'après une victoire qui lui assurerait le retour de l'Alsace et de la Lorraine. Le Président Wilson proclamait, dans son message du 8 janvier 1918, sous la troisième de ses quatorze propositions, le droit de la France dans des termes que notre gratitude n'oubliera pas. « Le tort fait à la France par la Prusse en 1871 en ce qui concerne l'Alsace-Lorraine, tort qui a compromis la paix du monde pendant près de cinquante ans, doit être réparé, afin que la paix puisse être de nouveau assurée dans l'intérêt de tous. »

Ainsi la justice de notre cause s'accordait avec les intérêts de la paix du monde. L'armistice du 11 novembre 1918 assimilait l'Alsace et la Lorraine aux départements libérés. Dès ce moment la réparation était un fait accompli. Au cours des négociations de Versailles la Délégation allemande a tenté un suprême effort en faveur du plébiscite. Pourquoi l'Allemagne ne l'avait-elle pas provoqué en 1871? La Délégation accorde que ce fut une erreur, mais elle ne l'avoue que pour demander à la France de ne pas imiter cet exemple! La Conférence de Versailles ne s'est pas arrêtée à une malice dont ses auteurs eux-mêmes ne pouvaient attendre aucun résultat. Ils ont même laissé échapper dans la partie de leur Mémoire où ils traitent la question du bassin de la Sarre, un aveu qui a son prix : « Dans le cas où le district de la Sarre se rattacherait ainsi à la France, on renouvellerait une faute identique à celle dont on demande à l'Allemagne la réparation en ce qui concerne l'Alsace-Lorraine; on séparerait de sa patrie la population d'une portion de territoire, et ce en dépit des protestations solennelles de ses représentants. »

L'Alsace et la Lorraine sont rendues purement et simplement à la France. Cette restitution constitue au point de vue moral comme au point de vue économique l'une des clauses les plus importantes du Traité. On sent que la Délégation allemande l'a seulement combattue pour la forme et afin de ménager par l'apparence d'un effort suprême les dernières susceptibilités de la nation vaincue. L'armistice du 11 novembre 1918 avait réglé la question d'une manière qui ne laissait place à aucun retour. En disant, dans la note du 29 mai 1919 : « l'Allemagne renonce à sa souveraineté en Alsace-Lorraine », le comte Brockdorff-Rantzau enregistrait le fait accompli, auquel il opposait, dans des termes volontairement discrets, le *désir* de plébiscite libre. C'est un autre désir, ou plutôt une autre volonté, que, libérées enfin de la longue servitude qu'elles avaient héroïquement supportée, les populations annexées avaient manifestée dès que l'armistice leur rendit la parole. Le plébiscite populaire se déchaîna, au cours de journées inoubliables, avec un enthousiasme dont l'unanimité s'imposa aux Allemands eux-mêmes. Ainsi le Traité n'avait pas besoin d'être justifié pour avoir réintégré dans la souveraineté française *à dater de l'armistice du* 11 *novembre* 1918 les territoires cédés à l'Allemagne en 1871. Il n'y a pas de rétroactivité, comme l'a prétendu la Délégation allemande qui avait, en acceptant les clauses de l'armistice sur l'Alsace et la Lorraine, désavoué à l'avance son argument. Cette Délégation, impuissante à dissimuler sur le fond sa défaite irrémédiable, s'est surtout attachée à contester les modalités de la cession, mais elle s'est heurtée au principe dont les Puissances alliées et associées avaient fait la base inébranlable de leur décision. Afin de « réparer le tort causé à la France par la Prusse en 1871 », elles avaient résolu de remettre les personnes et les choses dans l'état de droit où elles se trouvaient au moment de l'annexion. Qu'il s'agisse par exemple de la nationalité des dettes et des biens de l'État, ce principe a inspiré et réglé toutes les dispositions du Traité. La Délégation allemande a montré, au cours de la discussion, qu'elle avait la mémoire courte. Elle a invoqué le principe du Droit des Gens en vertu duquel, lors d'une cession de territoire, l'État acquéreur doit prendre à sa charge une partie des dettes publiques de l'État cédant et rembourser la valeur de la propriété publique sise dans le territoire cédé. Les Puissances alliées et associées ont reconnu qu'elles avaient fait une exception voulue à ce principe, appliqué dans d'autres parties du Traité. Mais ce n'est pas l'Allemagne qui peut s'en plaindre. A-t-elle oublié que M. de Bismarck se vantait le 25 mai 1871 devant le Reichstag de n'avoir assumé aucune part de la dette française et de n'avoir payé aucun bien d'État français, en annexant l'Alsace et la Lorraine? Jamais le *Patere legem* ne trouva de plus juste et de plus nécessaire application.

***

La restauration de la Pologne était si légitime et son refus aurait écarté à tel point toute possibilité de paix que ni le comte Brockdorff-Rantzau ni la Délégation allemande n'ont essayé d'en discuter le principe. Cette attitude est le désaveu d'un des crimes les plus monstrueux que l'Histoire ait enregistrés et flétris. La spoliation de 1772, que d'autres suivirent, puisqu'il ne fallut pas jusqu'en 1776 moins de douze traités de partage pour la consommer, fut l'œuvre de la Prusse. Frédéric II, dont la grandeur doit à la justice des comptes sévères, écrivait le 9 avril 1772 au prince Henri : « Cela réunira les trois religions, grecque, catholique et calviniste; nous communions d'un même corps eucharistique, qui est la Pologne, et si ce n'est pas pour le bien de nos âmes ce sera sûrement un grand objet pour le bien de nos États. » Il est ainsi dans les traditions de la Prusse de se jouer cyniquement des victimes qu'elle dépouille. Le Traité du 28 juin 1919 a réparé l'injustice dont souffrait la conscience humaine et qui empoisonnait depuis un siècle et demi la vie politique d'une grande partie du continent européen.

En restaurant la Pologne, dont l'Allemagne a reconnu la complète indépendance (art. 87), les Puissances alliées et associées ont eu le souci de ne lui rendre que des régions aujourd'hui habitées par une population incontestablement polonaise. Elles ont écarté les revendications strictement fondées sur le droit historique qui auraient conduit à restituer à la Pologne la presque totalité de la Posnanie et de la Prusse occidentale. Elles n'ont pas effacé toutes les conséquences des partages. Cette modération n'a pas désarmé la Délégation allemande, dont les propositions étaient dans leur ensemble inacceptables. Pourtant certaines de ces observations ont paru légitimes aux Alliés, qui ont témoigné, en les acceptant, de leur bonne foi et de leur esprit de justice.

Le Traité du 28 juin a modifié sur un certain nombre de points, que M. Charles Benoist a examinés dans son rapport sur les clauses politiques européennes, les propositions remises le 7 mai aux Allemands, soit au point de vue des frontières, soit au point de vue des propriétés, droits et intérêts des Allemands. Il faut noter en particulier la concession faite pour la Haute-Silésie, où il sera institué un plébiscite, quoique le recensement allemand de 1910 ait accusé une population de 1.250.000 Polonais contre

650.000 Allemands. De même, dès le 7 mai, les Puissances alliées et associées avaient admis le plébiscite pour certaines régions de la Prusse Orientale, quoiqu'elles eussent été « conquises et arrachées » à leurs premiers habitants par le « glaive allemand », et que jusqu'en 1866 elles n'eussent pas été comprises dans les frontières politiques de l'Allemagne.

La treizième proposition du Président Wilson promettait à la Pologne « un libre accès à la mer » sans lequel elle n'aurait été libérée de la tyrannie politique de la Prusse que pour être étouffée sous sa domination économique. Le Traité constitue Dantzig ville libre. Elle redevient ainsi ce qu'elle fut pendant les siècles où, ville de la Hanse, elle jouissait, en dehors des frontières politiques de l'Allemagne, d'une indépendance qui la rattachait commercialement à la Pologne. La Délégation allemande a protesté contre cette « violation nationale ». Elle a offert de transformer les ports de Memel, de Koenigsberg et de Dantzig en ports libres, où les Polonais auraient les droits les plus étendus. Les Puissances alliées et associées ont rejeté cette proposition qui, même si elle avait été loyalement exécutée, n'aurait pas garanti à la Pologne son existence nationale. Sans doute la population de Dantzig est en grande majorité allemande, mais le Traité n'annexe pas la ville à la Pologne. Il crée un régime qui concilie dans toute la mesure possible les droits et les intérêts réciproques. On peut dire d'ailleurs ici ce que la note des Puissances alliées et associées exprime si fortement sur un autre point : « Il faut que l'une ou l'autre des parties consente à des sacrifices. Ce principe reconnu, il ne saurait y avoir de doute sur celle d'entre elles qui doit avoir un droit de préférence. »

*
* *

L'histoire de la Prusse, dont la guerre a toujours été une industrie nationale, s'écrit par les guerres qu'elle a déclarées à ses voisins pour les dominer et pour les spolier. Il y a à l'origine de la fortune qui l'a rendue maîtresse de l'Allemagne des choses terribles et qui font trembler. Elle a trouvé dans la deuxième partie du XIXe siècle, avec Bismarck, un homme fait à sa taille, ou qui, plutôt, l'a faite à la sienne, en sacrifiant le droit à la force avec un cynisme dont Frédéric II nous donnait l'exemple. Ils ont été les artisans sans scrupule de sa funeste puissance. C'est un des traits de la paix de Versailles de leur demander des comptes et de libérer leurs victimes. Cette paix serait-elle complète si elle ne restituait pas au Slesvig, arraché violemment au Danemark, la libre disposition de ses destinées? Quand le Holstein aidé par des troupes allemandes, envahit le Slesvig en 1848, M. de Bismarck, qui représentait la Marche de Brandebourg à la Chambre des Députés de Berlin, qualifia cette guerre d' « entreprise inique ». Quel nom assez sévère pourrait qualifier celle qu'il déchaîna en 1864 sur le Danemark pour lui arracher le Slesvig? Le Traité de Prague régla le sort de la malheureuse province, et la transféra de l'Autriche à la Prusse mais l'article 5 contenait une réserve imposée par la France aux termes de laquelle « les populations des districts du Nord seront de nouveau réunies au Danemark si elles en expriment le désir par un vote librement émis ».

La Prusse a pendant plus de cinquante ans tantôt éludé et tantôt renié cette promesse solennelle. Il a fallu la victoire des Alliés pour lui imposer la réparation du tort fait au Slesvig en 1864. La Délégation allemande, tout en s'inclinant devant cette nécessité, a fait remarquer que la question du Slesvig n'était pas expressément visée dans les points du Président Wilson, mais elle n'a pas ajouté que l'exécution si injustement tardive du traité de Prague avait été demandé par le Danemark et par le Slesvig. Les Puissances alliées et associées ont proclamé dans l'article 49 que la frontière serait fixée conformément aux aspirations des populations. Pour que ces aspirations s'expriment librement, il ne faut pas que l'Allemagne puisse exercer sur ces populations une action qui contrarie la libre manifestation de leur volonté. Certaines retouches, apportées trop hâtivement à l'article 109 entre les propositions du 7 mai et la rédaction du 28 juin, ont créé un état de choses qui doit appeler l'attention vigilante des Alliés et leur dicter des mesures appropriées à leurs intentions.

* * *

Aux crimes qu'elle a commis contre la Pologne, contre l'Alsace et la Lorraine et contre le Slesvig, la Prusse, dont toute l'Allemagne a été complice, a ajouté en 1914 l'invasion de la Belgique, qu'elle a férocement dévastée. La défaite a arraché à ses plénipotentiaires l'aveu du crime et l'engagement d'en réparer les conséquences. Mais des révélations récentes nous ont appris ce qu'elle eût fait de la victoire. Sous la présidence de l'Empereur, un Conseil de la Couronne décidait le 11 octobre 1917 l'annexion de Liége « avec une bande de sécurité » et une occupation militaire de plusieurs années pour imposer à la Belgique l'union économique avec l'Allemagne. Hindenbourg n'aurait désiré rien de moins que la côte des Flandres, mais le Chancelier Michaëlis voulait assigner à la guerre « des buts modérés ».

On voit de quels desseins sa prétendue modération était faite et quel sort la victoire allemande aurait ménagé à l'infortunée Belgique! Si la victoire des Puissances alliées et associées ne lui a pas donné tout ce qu'elle pouvait en attendre, elle a montré par l'accueil enthousiaste dont elle a salué le Président de la République Française qu'elle sait le rôle joué par la France.

L'abolition d'une neutralité où elle a trouvé une duperie plutôt qu'une garantie lui donnera la liberté de ses alliances et de son action. Le Traité de paix, outre un droit privilégié aux réparations opère à son profit, dans les articles 31 et 39, des restitutions territoriales qui affectent selon les cas des modalités différentes. Elles rectifient des frontières que la Prusse avait fixées en 1815 au gré de ses ambitions et sans tenir compte de l'origine, de la langue, des sentiments des populations. Le territoire de Moresnet, contesté depuis un siècle, revient à la Belgique, à laquelle, pour la dédommager partiellement de la destruction de ses forêts, le traité attribue les bois domaniaux et communaux du Moresnet prussien. En ce qui concerne Eupen et Malmédy, leur sort sera réglé définitivement par la Ligue des Nations, après une consultation des populations qui exprimeront leur désir sur des registres ouverts par l'autorité belge. La Délégation allemande a protesté au nom des principes! Les Puissances alliées et associées n'ont pas fait droit à sa requête. Il est curieux de voir l'Allemagne se prendre brusquement d'un goût aussi vif, soit à l'égard du Danemark, soit à l'égard de la Belgique, pour les formes régulières de plébiscites qu'elle s'est toujours refusée à pratiquer.

Quand on jette un coup d'œil d'ensemble sur les restitutions territoriales que les Alliés ont insérées dans le Traité, on est frappé de l'esprit d'équité qui a présidé à leurs décisions.

Ils n'ont pas créé de terres *irredente*. Il s'en faut certes qu'ils aient réparé tous les abus de la force. Mais, dans tout ce qu'ils ont fait, ils ont rendu justice au Droit, et l'Histoire impartiale rendra justice à son tour à leur équitable modération.

QUATRIÈME PARTIE

RÉPARATIONS

CLAUSES FINANCIÈRES ET ÉCONOMIQUES

Habile à ergoter sur les textes, à les disséquer avec une minutie qui sacrifie l'esprit à la lettre, et à les opposer les uns aux autres, la Délégation allemande, liée par l'armistice au programme du Président Wilson, s'est efforcée, par une interprétation chicanière, d'en atténuer, d'en éluder ou d'en ajourner, sur tous les points, l'application. Toutes ses notes tendent à rattraper en détail l'adhésion que la défaite avait contraint le Gouvernement allemand à donner aux propositions d'ensemble.

La question des réparations s'est heurtée comme toutes les autres à la tactique de la Délégation. Pourtant aucune question n'avait été plus nettement posée. Dès le 27 août 1917, le Président Wilson, en répondant à la note du Pape Benoît XV qui n'avait envisagé pour la réparation des dommages qu'une « remise de dettes entière et réciproque », s'était élevé contre une paix qui n'aurait pas réparé les « torts intolérables causés par la force brutale et furieuse du Gouvernement impérial allemand ». Aussi les propositions du 8 janvier 1918 étaient-elles formelles sur l'obligation pour l'Allemagne de *restaurer* les régions qu'elle avait envahies ou dévastées, la septième, pour la Belgique, la huitième, pour la France, la onzième, pour la Roumanie, la Serbie et le Monténégro. Fort de ces principes le Gouvernement français, avec une énergie prévoyante dont il faut lui faire honneur, en avait obtenu l'insertion dans les clauses de l'armistice. En répondant le 22 mai à des réclamations détaillées du comte Brockdorff-Rantzau, M. Clemenceau disait : « Il faut que l'Allemagne se rende compte qu'elle ne saurait demeurer indemne. Dans l'immense désastre qui s'est abattu sur le monde, la part qu'elle est appelée à assumer a été proportionnée par les Puissances victorieuses, non à ses mérites mais uniquement à ses forces. Toutes les nations de l'Europe ont subi des pertes, elles supportent et supporteront longtemps encore des charges presque trop lourdes pour elles. Ces charges et ces pertes leur ont été imposées par l'agression de l'Allemagne. Il est juste que l'Allemagne, cause première de ces calamités, les répare dans la pleine mesure de ses moyens. Ses souffrances résulteront, non des conditions de la paix, mais des actes de ceux qui ont provoqué et prolongé la guerre. Les auteurs de la guerre ne sauraient échapper à ses justes conséquences. »

***

On ne saurait mieux dire, et la question est posée en des termes dont la force inéluctable domine toutes les stipulations du Traité de paix et en justifie la rigueur. Le problème des réparations y occupe la partie VIII avec dix-sept articles, et cinq importantes annexes, mais avant d'arriver à cette partie d'ensemble, la section IV de la IIIe partie règle l'attribution à la France des mines de charbon du bassin de la Sarre « en compensation de la destruction des mines de charbon dans le nord de la France, et à valoir sur le montant de la réparation des dommages de guerre due par l'Allemagne ». La Délégation allemande proposait à la place de la cession des mines une attribution de charbon et des participations. La Conférence a repoussé ce système qui ne réalisait aucun des buts poursuivis par l'unanimité des

Puissances alliées et associées. Le Traité a exclu les indemnités de châtiment, mais il y a des indemnités de réparation dont ce serait diminuer la portée que de les réduire à une simple compensation des pertes matérielles causées par la sauvagerie de la destruction allemande.

« Les Gouvernements alliées et associés, disait la note du 24 mai, ont choisi cette forme particulière de réparation parce qu'elles estimaient que la destruction des mines du nord de la France était un acte d'une nature telle qu'il exigeait une réparation spéciale et exemplaire. Or, cet objet ne serait pas atteint par la livraison pure et simple d'une quantité déterminée ou indéterminée de charbon. C'est pourquoi le projet établi doit être maintenu dans ses dispositions générales et les Puissances alliées et associées ne sont disposées à aucune discussion sur ce point. »

On doit approuver ce refus de discussion, mais peut-être est-il regrettable que la note ait laissé sans réponse l'argumentation qu'une histoire déformée et fantaisiste a inspirée à la Délégation allemande sur l'évolution du bassin de la Sarre depuis le Traité de Meersen en 870! La Délégation française n'avait qu'à ouvrir, pour réfuter cet amas d'assertions audacieuses, le tome Ier des Travaux du Comité d'études publié sous la haute direction de M. Ernest Lavisse. Les faits et les documents y abondent; en particulier la frontière de la Sarre a inspiré à M. Vidal de la Blache des pages magnifiques, qui sont le testament clairvoyant d'un grand Français.

La propriété du bassin charbonnifère est transmise à la France « entière et absolue, franche et quitte de toute dette ou charge, avec droit exclusif d'exploitation ». La production qui réunit 4 millions de tonnes de la partie lorraine à 13 millions de la partie prussienne servira, avec ses 17 millions de tonnes, à la consommation de l'Alsace et de la Lorraine. Sans elle, l'Alsace et la Lorraine auraient aggravé notre déficit en charbon de telle façon qu'il eût été impossible d'y faire face. D'ailleurs, les mines de la Sarre, que la Prusse avait sacrifiées au développement du bassin de la Westphalie, sont susceptibles d'améliorations qui augmenteront leur rendement. Quant aux populations, dont le Traité garantit les libertés sous le contrôle de la Ligue des Nations, elles diront librement dans quinze ans sous quelle souveraineté elles désirent être placées. La Délégation allemande, inquiète d'un plébiscite dont elle redoute dès maintenant l'échéance, a osé protester contre les pratiques de l'administration française. Vraiment, de la part des oppresseurs de la Pologne, de l'Alsace, de la Lorraine et du Slesvig, cette protestation, qu'aucun fait précis ne justifie, témoigne d'une singulière audace. On peut trouver que le régime auquel sera soumis le bassin de la Sarre est trop complexe, mais, comme la libre exploitation des mines ne pouvait pas se concilier avec le maintien de l'administration allemande et comme la France ne poursuivait pas un but d'annexion, il n'y avait pas de solution meilleure que d'en appeler à la Ligue des Nations. L'Allemagne manifeste pour la Ligue des Nations un enthousiasme doctrinal qui ne manque aucune occasion de s'exprimer, mais dès qu'il s'agit de lui déléguer des mandats positifs, son zèle tombe et sa confiance s'épuise dans les objections ou dans les réserves.

***

Votre Commission a confié à M. Dubois, qui lui a consacré un rapport particulier dont vous apprécierez la méthode et la précision, l'examen des clauses du Traité qui concernent les réparations. Il s'en faut que rien ne soit à critiquer dans l'ensemble de ces dispositions. Leur rédaction démontre qu'elles n'ont pas toutes la même source et que peut-être même elles ne reflètent pas la même inspiration. Il y a des lacunes, des obscurités et des contradictions dont la critique trop justifiée pourra servir nos négociateurs pour une mise au point nécessaire, soit à l'égard de nos ennemis, soit même à l'égard de nos alliés. La question d'ailleurs, toute nouvelle, était d'une complexité et d'une difficulté qu'il serait injuste de nier. Aucun précédent ne pouvait éclairer la Conférence. A tout prendre elle s'est bien tirée d'affaire, et la Commission des réparations qu'elle a instituée aura tous les pouvoirs de contrôle et d'investigation dont sa lourde tâche exigeait l'attribution. La Commission établira au plus tard le 1er mai 1921 pour les notifier au Gouvernement allemand, le montant des dommages que l'Allemagne devra reconnaître et réparer. Quels sont-ils pour la

France? L'évaluation en est actuellement impossible, et cette incertitude, commune à tous les pays, explique que l'on n'ait pas pu fixer à l'Allemagne le chiffre global qu'elle demandait. D'après un travail fourni à la Commission de la paix par l'administration des finances les *frais de la guerre* pour la France s'élèveront à 143 milliards au 31 décembre 1919. D'après un travail très précis de M. Dubois le montant des dommages serait au minimum de 200 milliards 429 millions. Peut-être n'est-il pas excessif de fixer à 350 milliards ce que la guerre a coûté à la France. En droit, l'agression dont elle a été victime devrait lui valoir la restitution intégrale de cette somme. En fait, ni elle ni ses Alliés ne toucheront rien pour les frais de guerre. L'article 231 proclame la responsabilité entière de l'Allemagne, que l'Allemagne elle-même a reconnue, mais l'article 232 déclare que, les ressources de l'Allemagne n'étant pas suffisantes pour assurer un paiement intégral, elle devra seulement réparer les dommages causés à la population civile de chacune des Puissances alliées et associées. Ainsi la France, pour ne parler que d'elle, continuera à supporter la charge directe d'une guerre qu'elle n'a pas voulue et dans laquelle elle a fait des sacrifices supérieurs à ceux que chacune des Puissances alliées, prise séparément, a dû consentir. Il faut que ses alliés lui tiennent compte d'une situation exceptionnelle et que la répartition des réparations lui assure le rang auquel elle a droit. La France ne tend pas la main : elle invoque une créance. Située « à la frontière de la liberté », elle a été doublement meurtrie, en défendant et en sauvant cette frontière. Elle a, après l'héroïque Belgique, supporté les coups les plus durs de l'assassin. En venant à son secours, les Puissances alliées et associées ont secouru la liberté, la leur et celle du monde, menacée de succomber sous l'infâme guet-apens d'une

Puissance de proie. L'union dans la guerre exige l'union dans la paix. La guerre n'a pas tué la France : les Puissances alliées et associées sont trop pénétrées de l'esprit de justice pour laisser la paix ruiner la France. Notre pays sait quels efforts et quels sacrifices exigera son relèvement économique. Il y est disposé. Il a accepté de lourds impôts, il acceptera encore les nouvelles charges qui seront nécessaires. Mais ses facultés contributives ont des limites et il ne peut pas suffire seul à une situation qu'il a subie pour le compte de tous. La guerre a mis en commun les ressources des Alliés. Est-il impossible que la paix prolonge, au point de vue financier, cette solidarité? La France se refuse à le croire.

Quand la France, pressée de restaurer ses provinces dévastées, pour lesquelles un long retard serait la mort, touchera-t-elle un acompte, et quel acompte? Elle aura sa part, mais dont on ne peut fixer dès maintenant ni la date ni la quotité, dans la somme de 20 milliards de marks or que l'Allemagne devra payer avant le 1er mai 1921. Il y a quelque chose de douloureux dans cette incertitude. Elle serait inquiétante et, disons le mot, insupportable, si les annexes III à VI de la partie du Traité relative aux réparations n'assuraient pas à la France, à une date immédiate ou du moins prochaine, sur l'ensemble qui sera attribué par l'Allemagne aux Puissances alliées et associées, des bateaux de commerce ou de pêche, du bétail, des machines agricoles, du charbon, des produits distillés de la houille, des matières colorantes et des produits chimiques, pharmaceutiques. L'Allemagne semble mettre à exécuter ces obligations, ainsi que celles qui doivent procurer de la main-d'œuvre aux régions libérées, une certaine bonne volonté. Il y va de l'intérêt non seulement de sa réputation, pour laquelle elle a beaucoup à faire, mais de sa libération. Les Puissances alliées et associées dont elle a voulu la ruine sont intéressées à ne pas consommer la sienne, mais qu'elle ne s'étonne pas si des promesses ne leur suffisent pas et si elles veulent des actes. Déjà Montesquieu écrivait, à propos de la Prusse : « En matière d'intérêt, il faut bien stipuler avec cette Cour. » L'Allemagne prussifiée n'a pas démenti ce besoin de précautions sérieuses. Le temps des duperies est passé. La Commission des réparations aura des pouvoirs de contrôle. Si l'Allemagne élude ses obligations, la Commission signalera cette inexécution à la Puissance intéressée, et les Puissances alliées et associées pourront prendre d'un commun accord des mesures de prohibition et de représailles que l'Allemagne s'est engagée à ne pas considérer comme des actes d'hostilité. Si le Traité est dur et s'il montre quelque défiance, l'Allemagne ne devra s'en prendre qu'à elle-même. Le Président Wilson disait à New-York, le 27 septembre 1918, en parlant des

Gouvernements des Empires Centraux : « Ce sont des Gouvernements sans honneur, sans aucun souci de justice. Ils n'observent aucun contrat, ils ne reconnaissent d'autre principe que celui de la force et de leur intérêt égoïste. » L'Allemagne a subi la loi de la force, son « intérêt égoïste » lui commande d'exécuter les conditions qu'elle a signées.

La Délégation allemande a vainement essayé de prétendre que le fonctionnement de la Commission des réparations porte atteinte à son droit de souveraineté. Il n'en est rien. Sans un contrôle continu et vigilant, tout croulerait. Même avec un contrôle rigoureux, l'Allemagne ne réparera pas tout le mal qu'elle a fait. Qu'elle compare son sort à celui des malheureux habitants dont elle a ruiné les foyers, détruit les villages, rasé les arbres, enlevé les femmes et les filles, violé et jeté aux quatre vents les souvenirs les plus chers. La paix la traite sans pitié mais avec justice : elle n'a pas le droit de se plaindre.

Pourtant, et partout, elle se plaint, elle discute, elle récrimine, elle ergote, qu'il s'agisse des clauses financières, des clauses économiques, des voies ferrées ou de la navigation. Il vous suffira de lire les rapports particuliers que votre Commission a adoptés et où toutes les questions sont examinées dans des détails qui ne peuvent trouver ici leur place, pour voir combien ces reproches tiennent peu devant la nécessité qui s'est imposée aux Alliés, d'opérer des restitutions, de prendre des garanties ou des gages, d'assurer l'avenir. Quand l'Allemagne revendique le bénéfice immédiat de l'égalité économique, elle oublie qu'elle a ravagé notre pays, détruit une partie de ses usines et volé leur matériel. Cette prétendue égalité constituerait au compte de l'agresseur, resté indemne sur son propre territoire, un privilège contre les victimes qu'il a dépouillées de leurs biens, de leurs matières premières, de leurs machines, de leur outillage. En lui accordant tout de suite et sans ménager les délais nécessaires, la réciprocité qu'elle réclamait, les Puissances alliées et associées auraient maintenu à l'Allemagne le profit de ses crimes. Il fallait, en stricte justice, une période de transition. De même, et dans un sentiment de même ordre, la XIIe partie du Traité reconnaît aux Puissances alliées et associées la circulation la plus favorisée pendant cinq ans dans les ports, sur les voies d'eau et sur les voies ferrées d'Allemagne. M. Crespi, l'éminent délégué italien, disait que certaines de ces dispositions assureraient la liberté de communication et de transit en provenance ou à destination des jeunes États enclavés qui, sans des garanties précises, n'auraient recouvré leur indépendance politique que pour retomber sous la tutelle économique de l'Allemagne. Aucun souci n'est plus louable. Est-on bien sûr que les dispositions qui règlent le régime du canal de Kiel s'en soient suffisamment inspirées? On peut craindre le contraire. Certes des garanties sont prises, mais l'administration du canal et de ses accès reste à l'Allemagne. Leur internationalisation aurait créé un régime moins précaire, plus favorable aux jeunes États et à la paix du monde. S'il n'a pas prévalu, la faute n'en est pas à la France.

CINQUIÈME PARTIE

GARANTIES D'EXÉCUTION

I

Clauses militaires et navales.

L'armistice signé le 11 novembre 1918 avec l'Allemagne se distinguait sur un point essentiel de ceux qui l'avaient précédé, puisque, à la différence des conventions imposées aux Turcs, aux Bulgares et aux Austro-Hongrois, il ne renfermait aucune clause de démobilisation. Arrêtées le 26 octobre par le Maréchal Foch, d'accord avec les Commandants en Chef des Armées Alliées, les conditions en furent adoptées sans modification le 4 novembre par le Conseil de Versailles. Au cours des négociations poursuivies par M. Erzberger, le Maréchal accepta de réduire de 30.000 à 25.000 le nombre des mitrailleuses à livrer, sur l'affirmation du plénipotentiaire allemand que les 5.000 mitrailleuses dont il demandait l'abandon étaient nécessaires au Gouvernement pour réprimer les troubles intérieurs. De même la zone neutre, primitivement fixée à 40 kilomètres, fut réduite à 10 en raison des inconvénients qu'il pouvait y avoir à laisser sans aucune force de police allemande une région très industrielle, très peuplée, et que les Alliés n'occuperaient pas. On se rappelle quelles furent, au point de vue militaire, les conditions définitives de l'armistice : remise par les armées allemandes d'un matériel de guerre en bon état qui comprenait 5.000 canons, 25.000 mitrailleuses, 3.000 minenwerfers, 1.700 avions de chasse et de bombardement. Au point de vue naval les Allemands devaient livrer tous leurs sous-marins, 6 croiseurs de bataille, 10 cuirassés d'escadre, 8 croiseurs légers et 50 destroyers des types les plus récents. Ces conditions avaient pour objet d'enlever à l'Allemagne sur terre, sur mer et dans les airs une grande partie de son matériel : il appartenait au Traité seul de lui imposer la démobilisation que, peut-être imprudemment, l'armistice ne renfermait pas.

Les clauses militaires inscrites dans le Traité avec l'Allemagne par les Puissances alliées et associées avaient un double but. D'une part elles voulaient mettre l'Allemagne dans l'impossibilité de reprendre la politique d'agression qui avait trop longtemps troublé le monde. D'autre part, elles constituaient la première application du principe de la réduction et de la limitation des armements qui était inscrit dans le pacte constitutif de la Ligue des Nations. Les Puissances alliées et associées n'avaient pas de peine à justifier leur décision.

« C'est parce que l'Allemagne augmentait sa puissance que ses voisins devaient en faire autant, sous peine de devenir impuissants à résister aux injonctions du glaive allemand. Il est donc juste, comme il est nécessaire, de commencer obligatoirement la limitation des armements par la nation qui porte la responsabilité de leur extension. C'est seulement lorsque l'agresseur a montré le chemin que ceux qui ont été attaqués peuvent en toute sécurité en faire autant. »

Le principe du désarmement de l'Allemagne étant posé, on pouvait hésiter entre plusieurs systèmes pour en obtenir la réalisation. Il ne semble pas que l'organisation de forces de gendarmerie, exclusives d'un service militaire à long ou à court terme, ait, malgré de sérieux avantages, retenu l'attention des Puissances alliées et associées. Elles ont eu à choisir entre deux autres systèmes.

Le premier, proposé le 5 mars par M. le Maréchal Foch, au nom de tous les experts militaires alliés et associés, maintenait le service obligatoire à court terme. L'effectif total ne devait pas dépasser 200.000 hommes, dont 9.000 officiers, formant au maximum 15 divisions d'infanterie et 5 divisions de cavalerie avec 5 États-Majors de Corps d'Armée et un État-Major d'Armée. Le contingent annuel était limité au chiffre maximum de 180.000 hommes restant un an sous les drapeaux et ne faisant pas de période d'instruction. Les officiers devaient servir vingt-cinq années consécutives et les sous-officiers quinze années. Des mesures étaient prises pour empêcher l'Allemagne de former d'autres cadres que les cadres actifs dont le projet fixait les chiffres. Les grandes unités ne pouvaient être réunies pour l'instruction ou les manœuvres.

Ce projet souleva devant le Conseil des Chefs de Gouvernements de très vives objections. On fit observer avec force qu'au bout de quinze ans — époque de la disparition comme combattants des 5 millions d'Allemands actuellement entraînés à la guerre — l'Allemagne disposerait de 2 millions 700.000 hommes ayant fait une année de service, dont 1 million immédiatement utilisables, et les autres après un entraînement qui pourrait varier selon les armes de deux à quatre mois.

Ce danger, aggravé par la quantité de matériel dont les unités étaient pourvues, détermina l'adhésion du Conseil au système d'engagements à long terme à l'exclusion de tout service obligatoire. Après des pourparlers avec les experts militaires, on réduisit de 140.000 à 100.000 hommes, officiers et dépôts compris, l'armée de métier que l'on laissait à l'Allemagne pour l'affecter uniquement au maintien de l'ordre intérieur et à la police des frontières. Les hommes devaient servir douze ans, les officiers vingt-cinq. Plus de la moitié des États-Majors, et surtout l'État-Major d'Armée maintenu dans le premier système, disparaissaient avec le second. Mais le principal avantage résultait de la comparaison entre les effectifs que les deux systèmes assurent à l'Allemagne au bout de quinze ans : 2.700.000 hommes avec l'un, 200.000 avec l'autre. Est-il à craindre que cette armée de métier procure à l'Allemagne des cadres excellents avec un grand nombre d'officiers instruits? L'objection vaut d'être posée, mais peut-être a-t-on eu raison de ne pas la retenir si on songe que, tous les organes d'enseignement supérieur et d'organisation de guerre ayant disparu, la carrière militaire aura peu d'attrait pour des jeunes gens intelligents et instruits que l'armée de l'ancien régime eût tentés. Il faut évidemment compter avec l'idée de la revanche, mais son danger ne naîtra pas du système militaire que les articles 159 à 164 et 173 à 180 imposent à l'Allemagne vaincue, et dont le premier résultat sera de ramener, dès le 31 mai 1920, son armée au chiffre de 100.000 hommes avec un maximum de 4.000 officiers.

Votre Commission a donné son adhésion au système qui a prévalu dans le Traité, mais elle a fait des réserves sur les modalités d'exécution, notamment au point de vue du matériel laissé à l'armée de métier, qu'elle a sur certains points jugé disproportionné avec la tâche à laquelle cette armée doit être affectée. Ces réserves ont trouvé leur place dans le rapport de M. Henri Paté.

Les clauses navales ont été rédigées avec une précision, une rigueur qui n'appellent aucune observation. Elles réalisent intégralement leur but qui est de détruire la puissance de la marine de guerre de l'Allemagne, à laquelle le Traité ne laisse que les forces nécessaires à sa protection et au service de police. De même, les clauses aériennes ont paru à votre Commission ne devoir comporter ni observations ni réserves. Elles aussi, elles réalisent le but qu'elles se sont assigné.

Ces garanties sont fortifiées par une disposition dont on ne saurait méconnaître l'importance et qui lie l'Allemagne pour toute la période pendant laquelle le Traité de Versailles restera en vigueur. L'Allemagne s'est engagée par l'article 213 à se prêter à toute investigation que la majorité du Conseil de la Ligue des Nations jugera nécessaire. Son passé ne justifie que trop cette précaution. La Délégation allemande, en protestant contre les garanties d'exécution, a écrit cette phrase : « Seul le *retour* vers les bases immuables de la morale et de la civilisation, à savoir la *loyauté vis-à-vis des traités conclus et des obligations reconnues*, pourra assurer l'existence future de l'humanité. » Si c'était un aveu, on pourrait presque faire honneur de ce *retour* à ceux qui ont violé, contre leur signature solennellement donnée, la neutralité du Luxembourg et de la Belgique. Mais, au lieu d'exprimer un remords, cette déclaration, qui vient après un passage sur la Russie, « dont le sort parle un langage éloquent », affecte de renfermer une menace. Il semble vraiment que l'Allemagne ignore à quel point sa situation lui enlève le droit de tenir un certain langage. Avec elle il n'est pas de précaution inutile. Le Président Wilson disait, le 27 septembre 1918 : « La raison pour laquelle la paix doit être garantie est qu'il y aura des parties contractantes dont les promesses, on l'a vu, ne sont pas dignes de foi. » Il ajoutait :

« Il faut donc absolument trouver le moyen, en préparant le Traité de paix lui-même, d'écarter cette source d'insécurité. » D'autres articles du Traité y ont pourvu.

II

Démilitarisation des rives du Rhin.
Occupation de la rive gauche.

Les dispositions du Traité qui visent les rives du Rhin sont ou permanentes ou provisoires. La grave question que nous abordons dans cette partie du rapport ne peut être traitée à fond que si ces mesures sont rappelées avec précision.

Aux termes des articles 42 et 43, il est interdit à l'Allemagne de maintenir ou de construire des fortifications, soit sur la rive gauche du Rhin, soit sur la rive droite à l'ouest d'une ligne tracée à 50 kilomètres à l'est de ce fleuve. Sont également interdits dans cette zone l'entretien ou le rassemblement des forces armées, soit à titre permanent, soit à titre temporaire, aussi bien que toute manœuvre militaire de quelque nature qu'elle soit et le maintien de toute facilité matérielle de mobilisation. Aux termes de l'article 44, si l'Allemagne contrevenait de quelque manière que ce soit à ces dispositions, elle serait considérée comme commettant un acte hostile vis-à-vis des puissances signataires du Traité et comme cherchant à troubler le monde.

Les mesures prises à titre provisoire sur la rive gauche du Rhin pour assurer l'exécution du Traité sont inscrites dans les articles 428 à 433. Les territoires allemands situés à l'ouest du Rhin seront occupés pendant quinze ans par les troupes des Puissances alliées et associées. Des évacuations successives des têtes de ponts et des territoires s'y rattachant sont prévues pour le cas où l'Allemagne exécuterait fidèlement les conditions du Traité : celle de la tête de pont de Cologne au bout de cinq ans, celle de la tête de pont de Coblentz au bout de dix ans, celle des têtes de pont de Mayence et de Kehl à l'expiration de quinze années. La période d'occupation la plus longue n'est pas un minimum au-dessous duquel il sera impossible de descendre. Le Traité décide en effet le retrait immédiat des troupes si l'Allemagne satisfait, avant l'expiration des quinze ans, à tous les engagements que le Traité lui impose. Mais cette même période n'est pas un maximum qu'il soit impossible de dépasser. Les Puissances alliées et associées pourront en effet, au bout de quinze ans, prolonger l'occupation dans la mesure qu'elles jugeront nécessaire, si les garanties contre une agression non provoquée de l'Allemagne leur paraissaient en ce moment insuffisantes. Enfin, pendant l'occupation ou même après les quinze ans, les zones abandonnées pourraient être de nouveau et immédiatement occupées, si la Commission des réparations reconnaissait que l'Allemagne refusait d'observer en tout ou en partie, les obligations auxquelles le Traité l'astreint.

Il faut, pour mesurer toute la portée de ces dispositions, provisoires ou permanentes, rappeler les conditions de l'armistice du 11 novembre, en tant qu'elles visaient les rives du Rhin :

« V. — Évacuation des pays de la rive gauche du Rhin par les armées allemandes.

« Les pays de la rive gauche du Rhin seront administrés par les autorités locales, sous le contrôle des troupes d'occupation des Alliés et des États-Unis.

« Les troupes des Alliés et des États-Unis assureront l'occupation de ces pays par des garnisons tenant les principaux points de passages du Rhin (Mayence, Coblentz, Cologne) avec, en ces points, des têtes de pont de 30 kilomètres de rayon sur la rive droite, et des garnisons tenant également des points stratégiques de la région.

« Une zone neutre sera réservée sur la rive droite du Rhin entre le fleuve et une ligne tracée parallèlement aux têtes de pont et au fleuve et à 10 kilomètres de distance depuis la frontière de Hollande jusqu'à la frontière de la Suisse. »

De l'armistice au Traité, les garanties se sont considérablement accrues. Sont-elles suffisantes pour protéger la France contre une agression allemande, qui, si elle n'était pas provoquée, mettrait immédiatement en mouvement, en vertu des traités spéciaux de garantie, l'aide militaire de la Grande-Bretagne et des États-Unis d'Amérique? Il n'est pas de question qui ait retenu davantage l'attention de votre Commission. Il n'en est aucune qui ait ému plus profondément sa conscience et dont la solution engage plus gravement sa responsabilité. C'est une question nationale. Débattue depuis un siècle à la suite des traités de 1814 et de 1815 par les historiens, par les publicistes et par les hommes d'État, elle a été passionnément reprise pendant la guerre. C'est l'honneur de la France de n'avoir jamais douté de la victoire au cours de cette longue épreuve, souvent si tragique, et d'en avoir discuté les conditions. La Commission des affaires extérieures de la Chambre des Députés, après en avoir délibéré dans la séance du 2 décembre 1918, aboutissait à des conclusions qu'il faut citer en entier parce que, si elles portent en même temps sur d'autres points, elles n'en constituent pas moins un ensemble indivisible.

« La Commission, après étude du problème de la frontière française tel que la guerre l'a posé, est d'avis :

« 1° Qu'il convient d'exiger entre la France et l'Allemagne la ligne frontière de 1814, en y comprenant notamment les territoires de Schaumbourg et de Tholey qui, à cette date, n'avaient jamais cessé d'appartenir à la France;

« 2° Que, dans les territoires compris entre la ligne de 1814 et la frontière hollandaise, la France, tout en repoussant une politique d'annexion par la contrainte, doit exiger un ensemble de garanties militaires, politiques et économiques (visant en particulier les chemins de fer, les canaux et les douanes), qui, en libérant cette région de l'influence de la Prusse, mette définitivement notre pays à l'abri de toute invasion.

« Il ne pourra y avoir notamment aucune

troupe, aucun établissement militaire, aucune fortification sur la rive gauche du Rhin; la même mesure sera applicable dans une zone de 30 kilomètres sur la rive droite. Les habitants de la rive gauche du Rhin ne seront dans aucun cas astreints au service militaire;

« 3º En outre, en ce qui concerne le Rhin, une politique d'internationalisation du fleuve sous la présidence de la France sera immédiatement envisagée entre tous les riverains, la France s'efforçant d'obtenir parallèlement la revision de la convention du Gothard;

« 4º En ce qui concerne le Luxembourg qui doit être absolument libre de décider de ses destinées, la France assurera le respect de la volonté des habitants telle qu'elle s'affirmera par un plébiscite organisé avec toutes les garanties de régularité.

« En résumé la Commission estime que les conditions d'une paix juste et durable pour la France peuvent se résumer en ces trois points :

« 1° Le remboursement total des frais de la guerre et la réparation intégrale des dommages qu'elle a causés tant aux personnes qu'aux choses;

« 2° Le retour de la France à ses frontières de 1814, y compris le bassin entier de la Sarre;

« 3° Un ensemble de garanties militaires, politiques et économiques sur les territoires de la rive gauche du Rhin qui mette définitivement la France à l'abri de l'invasion.

« Ces dispositions, comme toutes les autres du Traité de Paix acquerront une valeur nouvelle et décisive du fait de l'organisation de la Société des Nations, au principe de laquelle la Commission des Affaires Extérieures donne sa pleine adhésion. »

Cette délibération, prise à l'unanimité des membres présents, avait été précédée, deux ans avant, d'un acte gouvernemental qu'il est impossible de passer sous silence. Il n'a été jusqu'ici révélé et débattu que dans les séances secrètes du Parlement. Aujourd'hui, le pays a droit à toute la vérité.

Le 12 janvier 1917, M. Briand, Président du Conseil et Ministre des Affaires Étrangères, adressait à M. Paul Cambon, Ambassadeur à Londres, les instructions du Gouvernement, délibérées en Conseil des Ministres sur la solution des problèmes que poserait une paix victorieuse :

« Reste l'Europe.

« Vous avez parfaitement indiqué à Lord Grey que la récupération de l'Alsace-Lorraine non seulement ne doit pas faire question, mais ne doit pas être considérée comme un avantage, comme un accroissement nouveau. L'Alsace-Lorraine ne doit, pour ainsi parler, pas entrer en ligne de compte : nous reprenons notre bien, qui nous avait été ravi contre le vœu des populations. Il doit être également entendu que l'Alsace et la Lorraine doivent nous être rendues, non pas mutilées comme elles l'avaient été par le Traité de 1815, mais délimitées comme elles l'étaient avant 1790. Nous aurons ainsi le bassin géographique et minier de la Sarre, dont la possession est essentielle à nos industries, et le souvenir des mutilations successives de notre ancienne frontière doit être effacé.

« Il est cependant une question qui se posera nécessairement à cette occasion, c'est celle de la rive gauche du Rhin. De bons esprits en France, attachés aux plus vieilles traditions de notre politique nationale, la revendiquent comme l'héritage perdu de la Révolution Française, nécessaire pour former ce que Richelieu appelait notre « pré carré ». Il est à craindre cependant que la reprise des provinces rhénanes qui nous ont été enlevées il y a un siècle ne soit considérée comme conquête et qu'elle ne soit de nature à nous créer de grandes difficultés. Ce qui importe plus qu'un avantage glorieux mais précaire, c'est de créer un état de choses qui soit une garantie pour l'Europe autant que pour nous et qui fasse couverture devant nos territoires. A nos yeux, l'Allemagne ne doit plus avoir qu'un pied au delà du Rhin. L'organisation de ces territoires, leur neutralité, leur occupation provisoire sont à envisager dans des échanges de vues entre les Alliés, mais il importe que la France, étant la plus directement intéressée dans le statut territorial de cette région ait voix prépondérante dans l'examen de la solution de cette grave question. »

Ce document fut connu en juillet 1917 du Ministre anglais des Affaires Étrangères, qui en reconnut l'importance, et ne fit d'observations que sur un point, « l'organisation sur la rive gauche du Rhin d'un état de choses nous offrant des garanties contre un retour offensif de l'Allemagne ».

Il ne semble pas que la question de la rive gauche du Rhin ait été reprise depuis cette époque par le Gouvernement français auprès de ses Alliés. Ajournée pendant la lutte qui exigeait la solution de problèmes plus pressants, elle fut posée par la victoire. Dès le 27 novembre 1918, M. le Maréchal Foch remettait au Gouvernement une note dans laquelle il exposait quel devait être à son avis le régime définitif des pays rhénans de la rive gauche, comme des têtes de pont de la rive droite. Les conditions qu'il jugeait nécessaires, « pour avoir une paix assurée vis-à-vis d'une Allemagne animée jusqu'à présent d'un désir incontestable de conquête, au mépris des traités les mieux établis » étaient :

1° Une frontière naturelle, le Rhin, dont les places seront tenues sur la rive gauche par des contingents alliés;

2° L'organisation militaire à charges égales de tous les pays à l'ouest du Rhin, avec l'appui éventuel de la Grande-Bretagne.

Ces conditions impliquaient entre la France, l'Angleterre et la Belgique un accord préalable pour :

a) Fixer la frontière des pays allemands laissés entièrement indépendants sur la rive droite du Rhin;

b) Organiser les pays de la rive gauche;

c) Maintenir l'occupation des têtes de pont de la rive droite jusqu'à satisfaction complète des conditions de la paix.

Ces idées du Maréchal Foch, exprimées en

quelque sorte du premier jet dans la note sommaire du 27 novembre, étaient reprises par lui, complétées et développées dans une note du 10 janvier 1919. Il faut remarquer que le Maréchal ne posait pas le problème des frontières propres de la France et de la Belgique; il avait le souci d'examiner et de dégager « uniquement la garantie européenne, collective, internationale, nécessaire à l'ensemble des nations qui, après avoir combattu pour le droit, la liberté et la justice, entendent aujourd'hui préparer, sur de nouvelles bases inspirées de ces trois idées, les relations entre les peuples ».

Les vues du Maréchal Foch furent adoptées « dans un intérêt général et pour supprimer un danger commun par une commune protection », par le Gouvernement, dont un Mémoire du 25 février fixa l'opinion avec une clarté, une force et une autorité qui donnent à ce document une valeur historique. Son titre disait son objet : *Mémoire du Gouvernement français sur la fixation au Rhin de la frontière occidentale de l'Allemagne et l'occupation interalliée des ponts du fleuve.*

L'accord sur ces bases entre le Gouvernement et le Maréchal Foch se prolongea jusqu'au moment où, le 14 mars, les négociations avec les Alliés rallièrent le Gouvernement à un autre système de garanties. Malgré cette divergence, le Gouvernement ne songea pas à interdire au Maréchal Foch l'expression de sa pensée, qu'il exposa le 31 mars dans une nouvelle note lue par lui devant le Conseil des Alliés, le 20 avril devant le Conseil des Ministres et le 6 mai dans une réunion plénière de la Conférence.

Votre Commission n'a pas cru devoir entendre M. le Maréchal Foch. Si illustre que soit le grand soldat auquel la France doit pour la plus large part sa glorieuse victoire et quelle que soit la gratitude unanime dont tout le pays salue ses admirables services, il était impossible de paraître l'opposer au Gouvernement responsable. Ce qui a importé à la Commission et ce qui importera à la Chambre, c'est de connaître les raisons militaires de son opinion. Elles ont trouvé dans le Mémoire du 25 février, à l'heure où le Gouvernement les adoptait, un relief saisissant et une forme définitive. D'autre part, le Gouvernement, pour expliquer son changement d'attitude, a remis, le 25 juillet, en la commentant, à votre Commission une note précise qui oppose un système à l'autre. La Chambre trouvera aux annexes de ce rapport les deux documents. Ils disent tout et le pays pourra ainsi juger sur pièces d'une question dans laquelle sa sécurité est au plus haut point engagée. Votre Commission manquerait d'ailleurs à son devoir si elle ne déclarait pas que, loin de lui rien cacher, le Gouvernement a toujours apporté le plus grand empressement à lui remettre tous les documents qui pouvaient intéresser sa tâche et la faciliter. C'est, pour prendre l'exemple le plus frappant, M. le Président du Conseil qui a versé au débat le Mémoire du 25 février dont, jusqu'à cette communication spontanée, la Commission ignorait même l'existence.

Ce Mémoire avait produit sur l'unanimité des membres de la Commission de la Paix une impression si profonde qu'il n'a fallu rien de moins qu'une seconde audition de M. Clemenceau, assisté de M. André Tardieu, et une nouvelle note pour en atténuer l'effet. Il y a même les plus fortes raisons de croire que, si elle avait pu se prononcer librement et sans être liée rigoureusement par l'alternative de l'approbation ou du rejet du Traité, la Commission se serait prononcée à une grosse majorité, pour la fixation au Rhin de la frontière occidentale de l'Allemagne et pour l'occupation par des troupes interalliées des têtes de pont du fleuve.

Personne n'a demandé l'annexion de provinces rhénanes, en faveur de laquelle on aurait pu invoquer de fortes raisons historiques, mais qui serait contraire aux principes affirmés ou acceptés par tous les Gouvernements français au cours de la guerre. Il y avait, en dehors de l'annexion, d'autres moyens d'interdire l'accès militaire du Rhin et d'organiser sur la rive gauche un régime national, politique ou économique qui aurait assuré, conformément à leurs vœux, l'indépendance des populations. Mais il ne servirait à rien de discuter aujourd'hui ces modalités, puisque la négociation poursuivie entre les Puissances alliées et associées les a écartées. Après avoir fait effort pour qu'elles y soient inscrites, le Gouvernement y a renoncé. Faut-il lui en faire un reproche? On pourrait critiquer son attitude s'il avait été seul en face de l'Allemagne ou s'il avait cédé sans rien obtenir. La question s'est autrement posée. Nous n'étions pas seuls pour faire la guerre et ceux qui ont fait la guerre ensemble se sont trouvés réunis pour imposer ensemble à l'Allemagne des conditions communes de paix. Ces conditions ne se sont pas établies sans de longs débats, sans des difficultés, sans des concessions réciproques. Toute la question est de savoir si le Gouvernement français a consenti des concessions qui ont affaibli la sécurité de la France ou si, en échange du système qu'il abandonnait, il n'a pas obtenu des garanties équivalentes dont la réunion protège la France contre tout danger ou toute menace d'agression. Pour un historien, le problème de la rive gauche du Rhin se pose dans une doctrine dont il peut discuter à son gré tous les éléments, sans avoir la responsabilité de traduire son opinion en faits concrets et en actes positifs. Pour un militaire, il revêt un aspect pratique, mais qui reste spécial, isolé et trop exclusif. Pour un Gouvernement, ce même problème s'offre dans son ensemble, avec toutes ses parties, qui se contrarient ou qui s'accordent, mais dont aucune n'est indifférente ou négligeable. Entre tant de raisons, il faut faire un choix et ce choix, c'est un parti que l'on prend. Jusqu'au milieu du mois de mars, le Gouvernement français avait pris le parti, qu'il appuyait sur les considérations les plus fortes, de s'en tenir à l'occupation des têtes de pont du Rhin. La France pouvait-elle les occuper seule? Elle ne le demandait pas, il ne se rencontrait personne pour le lui offrir, et il n'est pas besoin d'insister sur les dangers intérieurs et extérieurs qu'auraient présenté, si elle avait été possible, cette solution extrême. Qu'elle émanât du Maréchal Foch ou qu'elle fût soutenue par le Gouvernement, la solution de l'occupation envisageait exclusivement la coopération de troupes interalliées. Il fallait donc l'adhésion des Gouvernements alliés. Le Gouvernement français s'est heurté à leur refus. D'autres, plus tenaces ou plus habiles, auraient-ils réussi où il a échoué? On peut en douter sans faire tort à personne, car il serait injuste de méconnaître la force de certaines des objections que l'on opposait au système de l'occupation des têtes de pont du Rhin. En les taisant dans son Mémoire du 25 février, le Gouvernement ne les supprimait pas. Elles fournissaient à la résistance des Alliés une base que leurs négociateurs n'eurent garde de négliger. Une résistance passive et qui n'offrait rien aurait lésé les intérêts et compromis la sécurité de la France. Ni la Grande-Bretagne ni les États-Unis ne songèrent à nous livrer, en attendant les garanties que pourrait apporter la Ligue des Nations, aux attaques de l'Allemagne. A défaut de l'occupation interalliée du Rhin sur ses deux rives que nous demandions, mais qu'ils n'acceptaient pas, ils nous offrirent leur concours armé. Pouvions-nous hésiter? Pouvions-nous choisir? Ni l'hésitation ni le choix n'étaient possibles. Le refus, en nous laissant seuls, aurait engendré avec nos deux Alliés un désaccord dont il n'est pas besoin de souligner les conséquences. Le Gouvernement français, à la place duquel il est peu probable qu'un autre eût agi différemment, accepta la conversation sur les bases qui lui étaient proposées. Mais il n'abandonna pas complètement son premier système, dont les avantages conservaient toute leur force, et il s'efforça, au cours de négociations qui durèrent un mois, de les faire passer dans le second. A côté des faits et des dates qui démontrent la continuité de son action, les résultats permettent de l'apprécier. Il y aurait injustice à ne pas fixer ici une énumération qui, du 17 mars au 23 avril, résume les négociations poursuivies par la France auprès de ses deux grands Alliés.

17 *mars*. — Réduction des forces militaires allemandes (articles 159 à 212) par la substitution du service de métier à long terme

(200.000 hommes au bout de quinze ans) au service obligatoire à court terme (3 millions d'hommes au bout de quinze ans), proposé d'abord par les experts militaires. Le système adopté limitait à 100.000 hommes, au 31 mars 1920, l'effectif de l'armée allemande.

28 *mars.* — Fixation définitive à 50 kilomètres à l'est du Rhin de la frontière militaire de l'Allemagne. Interdiction de maintenir ou de construire des fortifications, de rassembler, d'entretenir ou de faire manœuvrer des forces armées, de faire des manœuvres. Toute violation de ces clauses par l'Allemagne constitue à l'égard des Alliés un acte d'hostilité (art. 42 à 44).

20 *avril.* — L'article 213 soumet l'Allemagne, qui accepte, à toutes investigations décidées par la Ligue des Nations. Afin de rendre cette garantie plus accessible, il est apporté une exception au principe du pacte qui exige

14

l'unanimité, et la majorité suffira pour décider l'investigation. Il faut observer que, même admise dans la Ligue des Nations, l'Allemagne serait soumise à cette obligation de contrôle.

Occupation interalliée de la rive gauche du Rhin et des têtes de pont pour quinze ans avec droit de prolongation et de réoccupation (art. 428 à 432).

22 et 23 *avril.* — Traités avec la Grande-Bretagne et les États-Unis maintenus en vigueur jusqu'à ce que tous les *signataires* se trouvent d'accord pour juger qu'ils sont devenus inutiles.

Tel est l'ensemble des garanties que les traités signés à Versailles le 28 juin 1919 ont apportées à la France. Elles sont solides. Peut-on nier la force imposante qu'elles représentent? Elles se complètent les unes par les autres. Le concours promis serait insuffisant sans les garanties spéciales qui l'accompagnent et ces garanties elles-mêmes augmentent leur valeur efficace par l'engagement de la Grande-Bretagne et des États-Unis d'intervenir *immédiatement* pour aider la France contre tout acte d'agression non provoqué de l'Allemagne. Cet *immédiatement* ne promet-il pas plus qu'il ne pourra tenir? On sait le temps qu'il a fallu à l'Angleterre et aux États-Unis pour jeter dans la lutte, dont la France était seule à soutenir le poids, des armées régulières, équipées et prêtes. Ce n'est pas critiquer cet effort, à tous égards imprévu et admirable, que d'en rappeler l'inévitable lenteur. En attendant qu'il produisît son plein effet utile, la France voyait l'invasion s'abattre sur elle, envahir ses régions les plus riches, occuper neuf de ses départements, désorganiser son industrie, menacer sa capitale. Cette épreuve qui n'a altéré ni son courage ni sa confiance, la laisse néanmoins saignante, épuisée, accablée sous un des fardeaux les plus lourds qu'un peuple ait connus dans la victoire. « Nous ne pouvons pas, disait M. Hanotaux au Président Wilson, offrir tous les dix ans au monde une bataille de la Marne. » Nous pouvons moins encore lui offrir, même dans un temps plus long, les sacrifices qui ont suivi. Notre sécurité est la condition de la paix et de la liberté du monde. En demandant aux Alliés de reporter au Rhin, dont ils occuperaient avec nous les têtes de pont, la frontière occidentale de l'Allemagne, nous pouvions dire que cette proposition visait, par-dessus notre propre danger, un risque commun qui pesait sur eux, sur l'Europe et sur le monde. Ils l'ont compris. Le préambule de l'*arrangement* signé avec les États-Unis le dit avec une forte précision, dont l'histoire enregistrera le témoignage.

« Considérant que les États-Unis d'Amérique et le Gouvernement de la République Française sont pleinement convaincus qu'un acte d'agression non provoqué, dirigé par l'Allemagne contre la France, ne violerait pas seulement tout à la fois la lettre et l'esprit du Traité de Versailles, auquel les États-Unis d'Amérique et la République Française sont parties, exposant ainsi de nouveau la France aux intolérables charges d'une guerre non provoquée, mais qu'une semblable agression de la part de l'Allemagne constituerait et est réputée par le Traité de Versailles un acte hostile contre toutes les Puissances signataires dudit Traité et calculé pour troubler la paix du monde en y entraînant inévitablement et directement les États de l'Europe et indirectement le monde entier, comme l'expérience l'a amplement et malheureusement démontré... »

C'est au nom de cette solidarité et de ce danger commun, qui les ont jetés dans la guerre, que les États-Unis et la Grande-Bretagne ont proposé à la France un engagement public contre un retour offensif de l'Allemagne. Avec un tel traité, la guerre en 1914 eût peut-être été impossible. « Nous tenons pour certain, disait le 4 mars 1919 le Président Wilson, que si l'Allemagne avait un seul instant pensé que la Grande-Bretagne s'unirait à la France et à la Russie, elle n'aurait pas couru le risque. » On se rappelle les efforts et les promesses que fit dès la fin de juillet M. de Bethmann-Hollweg auprès de l'Ambassadeur d'Angleterre pour obtenir la neutralité de son pays. S'il y avait eu une entente connue de lui et connue de tous, le Chancelier n'aurait pas osé risquer une guerre dont l'issue impliquait pour l'Allemagne une défaite plus ou moins prochaine, mais certaine. Pourtant, quelque sécurité que nous donne un double engagement soutenu par les mesures que le Traité impose à l'Allemagne sur les deux rives du Rhin, il faut penser au pis, et il faut supposer la guerre. Dès lors, on peut se demander ce que vaudrait, au point de vue immédiat l'engagement d'un secours. M. le Président du Conseil n'échappa pas à cette préoccupation, lorsqu'il reçut le 14 mars la suggestion du Président Wilson et de M. Lloyd George. Il disait dans une note qu'il leur remettait le 17 mars :

« 1° La suggestion présentée le 14 mars, et aux termes de laquelle la Grande-Bretagne et les États-Unis s'engageraient [illegible] le cas d'une agression de l'Allemagne, à apporter sans délai à la France le concours de leurs forces militaires, reconnaît que la France a besoin d'une garantie spéciale; mais à la garantie physique, réclamée par la France, elle en substitue une d'ordre politique, de nature à abréger, par un engagement positif, le temps qui s'écoulera entre la menace de guerre et la mise en commun des forces alliées.

« Le Gouvernement français apprécie pleinement la haute valeur d'une telle garantie, qui apporterait une importante modification à la situation internationale, et est tout disposé à l'accueillir, mais il signale que cette garantie, pour être efficace, a besoin d'être complétée et précisée.

« 2º D'abord il y aura toujours, vu les distances, une période où la France attaquée devra se défendre seule, sans ses Alliés d'outre-mer : il faut qu'elle puisse le faire dans des conditions meilleures que par le passé.

« D'autre part, il importe qu'il n'y ait aucun doute sur la substance et la portée de l'engagement, c'est-à-dire sur les obligations imposées à l'Allemagne, les moyens de contrôle y applicables, la définition de l'acte qui constituera la menace de guerre, le droit défensif qui en résultera pour la France, le concours militaire qu'il entraînera de la part de la Grande-Bretagne et des États-Unis.

« 3º En d'autres termes, pour que nous puissions envisager l'abandon de la première garantie (d'ordre matériel et fondée sur l'espèce), il faut que la seconde garantie (fondée sur le temps, c'est-à-dire sur l'aide rapide de nos Alliés) ne prête à aucune incertitude et aussi qu'elle soit complétée par quelques autres sûretés empruntées au premier système.

« Il n'est pas en effet possible à la France, en pareille matière, de renoncer pour des espérances à une sécurité positive. »

La préoccupation si fortement exprimée par M. Clemenceau au nom de la France était sur tous les points légitime. On a pu juger, par les garanties inscrites au Traité, de quelle satisfaction réelle elle fut suivie. Il est pourtant une garantie, et non la moindre, qui semble faire défaut. M. le Président du Conseil demandait qu'il n'y eût « aucun doute sur *le concours militaire* » que l'agression de l'Allemagne entraînerait de la part de la Grande-

Bretagne et des États-Unis. A la question si nettement posée il n'y a pas eu encore de réponse et le doute subsistera, non sur la sincérité de la promesse, mais sur la date et sur les modalités de son exécution, tant que des conventions militaires passées entre les trois alliés avec l'adhésion préalable de la Belgique, ne compléteront pas les Traités du 28 juin. Il est impossible que la nécessité de ces accords, visant l'action combinée sur terre, sur mer et dans les airs, ne frappe pas nos Alliés. Il n'y a pas, sans convention militaire, d'accord politique qui puisse réaliser son but et remplir ses promesses. Donner et retenir ne vaut. Les États-Unis et la Grande-Bretagne sont de grands peuples dont la générosité loyale ne retient pas ce qu'elle donne. M. le Président Wilson et M. Lloyd George ont prononcé, en soumettant à leurs Parlements les traités de garantie, des paroles éloquentes qui ont profondément ému la France. Les sentiments qu'ils ont exprimés accompagnaient un acte qui n'a peut-être pas eu de précédent dans l'histoire du monde. « La France, a dit le Président Wilson, désire que nous promettions l'assistance de notre grande force contre les attaques de la puissance qu'elle a le plus de raisons de craindre. Une autre grande nation a fait la même promesse. C'est un des grands revirements de l'Histoire que cette autre grande nation soit celle dont la France ait essayé de nous libérer. Une nouvelle aurore se lève. » La France salue cette aurore, mais il faut qu'elle lui apporte toute la sécurité dont elle a besoin et à laquelle elle a doublement droit, parce qu'elle a été la plus meurtrie des Puissances alliées et associées, et parce qu'elle reste la plus directement menacée.

SIXIÈME PARTIE

CONCLUSIONS GÉNÉRALES

Le traité de Versailles du 28 juin 1919 est l'un des grands traités de l'Histoire. Il en serait le plus grand s'il avait embrassé dans une vue d'ensemble et s'il avait résolu dans leurs détails tous les problèmes que la guerre a posés. Mais il en laisse trop en suspens, et non des moindres, pour qu'on puisse dégager de ces dispositions un ordre européen nouveau. Il n'a réglé ni le statut de l'Autriche-Hongrie, ni celui de la Turquie, ni celui de la Bulgarie et l'on ne peut encore dire quelles frontières et quelles garanties assureront la destinée des

Roumains, des Grecs, des Tchéco-Slovaques et des Yougo-Slaves. L'avenir de la Russie à l'égard de laquelle les Puissances alliées et associées n'ont pas réussi à fixer une politique commune reste énigmatique. Tant que la situation intérieure et extérieure de ce vaste empire, ruiné par l'anarchie, mais que ses ressources naturelles sauveront, ne sera pas établie sur des bases solides, la paix européenne sera incertaine, précaire et exposée à de nouveaux périls. Peut-on même dire que le sort imposé à l'Allemagne enterre définitivement le rêve d'une *Mittel-Europa* dont elle attendait, quoique se sachant vaincue, son relèvement et sa revanche? Il faudra, pour en empêcher la réalisation ou l'essai, surveiller de très près l'exécution de toutes les clauses du Traité et exiger des intérêts particuliers, que l'âpreté du gain pousse trop souvent à de fâcheuses complaisances, la soumission à l'intérêt général.

Le Traité du 28 juin, quoiqu'il n'ait abordé qu'une partie de la tâche assignée à la diplomatie interalliée, touche, avec ses 440 articles, à une infinité de questions. Il est à lui seul un monde. Sa rédaction a pris sept mois. L'opinion publique, plus impatiente des résultats que renseignée sur les difficultés, a trouvé ce temps démesuré. Sans rappeler la durée des négociations du traité de Westphalie, qui abordait un moins vaste programme, on ne doit pas s'étonner qu'il ait fallu de longues négociations pour mettre sur pied, à travers des difficultés sans cesse renaissantes, une œuvre si vaste et si complexe. Il s'en faut qu'elle soit un chef-d'œuvre. Mais quel grand traité désarma la critique? Le traité de Westphalie n'a pas fait l'Europe qu'il voulait faire. Les traités de 1814-1815 ont manqué leur but. Le traité de Francfort lui-même n'empêcha pas un magnifique relèvement de la France, dont la promptitude imprévue inspira à Bismarck l'atroce pensée d'une nouvelle guerre. Le traité de Versailles ne pouvait pas échapper à la loi commune. Né d'inspirations différentes et d'intérêts parfois opposés, il s'est efforcé de les concilier sans réussir à effacer la trace de leur contradiction. Il manque d'unité dans le fond et, trop souvent, de clarté dans la forme. On n'y sent pas une pensée directrice et il ressemble trop à une mosaïque de morceaux séparément fondus et maladroitement soudés. Il est mal rédigé. Les impropriétés et les obscurités qui y abondent révèlent des traductions hâtives. On ne saurait trop regretter que la langue française, dont la clarté et la précision avaient fait la fortune universelle, n'ait pas été choisie selon les traditions diplomatiques, sinon dans les négociations, du moins pour écrire leurs résultats. D'autre part, le traité de Versailles est trop conditionné et soumis à trop de délais. Il a fallu une brochure spéciale pour énumérer la longue série des dates de toutes les étapes de son exécution.

Si l'on essaie de dégager les principes généraux et essentiels dont le Traité du 28 juin est l'expression, on peut dire qu'il a voulu surtout rendre aux nationalités le droit de disposer d'elles-mêmes, — anéantir le militarisme prussien, — créer, dans un monde solidaire, par la Ligue des Nations, un nouvel ordre international de choses, — et obtenir pour le travail, dans un but de justice et de paix sociale, un régime réellement humain. Ces idées d'ailleurs s'engendrent et se complètent.

I. — La théorie des nationalités, dont la Révolution Française eut l'instinct sans en faire un véritable principe, a pour elle la logique d'une doctrine et la séduction d'un sentiment. Mais il est plus aisé de la proclamer que de la réaliser. Tout contribue à une nationalité, mais rien ne la fixe. Où commence-t-elle? Où finit-elle? Qui la compose? Qui en dessinera exactement les contours? Quelles règles en détermineront la structure intérieure et quel sort sera fait aux minorités dissidentes? Qui dictera les précautions nécessaires contre les explosions extérieures, dangereuses pour la sécurité générale? Quand le Président Wilson déclare que « les peuples et les provinces ne doivent plus être troqués entre les Gouvernements comme des troupeaux ou des pions sur un échiquier », il recueille l'assentiment universel. De même, s'il ajoute que « tout règlement territorial doit être conclu dans l'intérêt ou pour le plus grand profit des populations en cause, non pas comme une simple clause d'arrangement ou de compromis entre les ambitions d'États rivaux ». Mais lui-même ne sent-il pas la difficulté de transformer ces principes absolus, dont personne ne conteste la justice, en réalités pratiques et en garanties positives? Il parle des « aspirations nationales *bien définies* ». Qui les définira? Il préconise dans chaque partie du règlement final, « les arrangements les plus propres *selon toute vraisemblance* à fonder une paix définitive ». Qui sera juge de cette vraisemblance? Washington écrivait à La Fayette le 25 décembre 1778 : « Je souhaite du bien à tous les peuples, à tous les hommes, et ma politique est très simple. Je crois que chaque nation a le droit d'établir la forme du Gouvernement dont elle attend le plus de bonheur, *pourvu qu'elle n'enfreigne aucun droit et ne soit pas un danger pour les autres pays*. Je pense qu'aucun Gouvernement n'a le droit d'intervenir dans les affaires intérieures d'un autre pays, *si ce n'est pour sa propre sécurité.* » Ces sages réserves atténuent les conséquences d'un principe dont l'application rigoureuse pourrait substituer les périls les plus graves aux injustices qu'il a le noble dessein de supprimer. Elles se sont imposées à la Conférence qui n'a pas commis l'imprudence de pousser jusqu'à ses limites extrêmes la doctrine des nationalités. Le traité de Versailles restitue à des nationalités opprimées une vie que la conquête brutale avait abolie. Par là il fait une œuvre juste, qu'il dépend de la sagesse commune de rendre durable. Mais n'est-ce pas une contradiction choquante que de n'avoir pas rendu à la Chine la province chinoise du Chantoung qui lui fut enlevée par la force et par la ruse? On doit désirer et espérer que la sagesse du Japon renoncera spontanément à des dispositions qui choquent l'équité et le droit et font tache dans un traité de réparations.

II. — Quoique Bismarck, abusant de la crédulité mystique de l'Empereur Napoléon III, eût le cynisme de revendiquer le principe des nationalités pour en faire la base de l'Allemagne reconstituée sous l'hégémonie de la Prusse, on sait que la Prusse, fidèle à la tradition qui lui annexa la Pologne, n'a réalisé son but unitaire que par l'asservissement de nationalités opprimées. C'est l'honneur du Traité de réparer en partie cette série d'injustices. Les armées ont vaincu le militarisme prussien. Le Traité s'est efforcé d'en rendre le retour impossible et de mettre l'Allemagne dans l'impossibilité de nuire. Y a-t-il réussi? Les clauses qui y tendent sont aussi rigoureuses que précises, mais tout dépendra de leur exécution. Il serait dangereux d'atténuer par des concessions de détail et par des réductions de délais, la garantie que l'article 428 donne à la France en fixant à quinze ans, sauf dans des conditions prévues, la durée d'occupation de la rive gauche et des têtes de pont du Rhin. On ferait injure aux Puissances alliées et associées en supposant qu'elles tenteraient d'exercer une pression sur la France pour lui arracher une diminution du délai prévu. La France est allée jusqu'au bout des concessions. L'article 428 est sa sauvegarde : elle s'y tient parce que là sont son droit et sa situation. Il est certain que les dépenses d'occupation mises à la charge de l'Allemagne impliquent une réduction équivalente de la somme disponible pour les réparations, et qu'il y aurait une duperie pour les provinces libérées à prolonger une occupation inutile. Mais, même aux yeux de ces provinces, qui savent hélas! le prix des sacrifices, la sécurité de la France prime tout. Il ne faut rien faire ou rien accepter qui la diminue.

III. — La constitution d'une Ligue des Nations est un des traits les plus significatifs du traité de Versailles. Le Gouvernement, le Parlement et le peuple français ont donné à cette idée généreuse la plus cordiale adhésion. La France a trop prouvé depuis 1870 son amour de la paix et son souci de ménager la tranquillité du monde et, d'autre part, elle est trop exposée à la revanche des peuples de proie, pour que l'on puisse mettre en doute la sincérité de ses sentiments. S'il n'avait dépendu que d'elle, la Conférence de La Haye aurait déjà produit des résultats qui, sans rendre la Ligue des Nations inutile, en auraient préparé et acclimaté le fonctionnement. Quelques réserves que justifie le Pacte voté par la Conférence, dont le tort principal est, nous l'avons dit, de proclamer des principes qu'il ne garantit pas par des moyens d'exécution et par des sanctions, il ouvre l'ère nouvelle dans laquelle le Président Wilson a mis les espérances d'une paix durable, fondée sur le consentement universel. « La cause commune de la liberté et de la clarté a créé de nouveaux liens de camaraderie, et une nouvelle compréhension de ce qui est sage et nécessaire pour les grandes nations afin de libérer le monde de craintes intolérables ». Établie sur les ruines du militarisme prussien, la

Ligue des Nations s'élève de toute la force du Droit contre l'appétit de domination universelle qui fit la grandeur apparente et la fortune éphémère de la Prusse. Sans reprendre toute son histoire, il faut constater qu'au cours des cinquante dernières années, la Prusse a provoqué quatre guerres dont aucune ne fut justifiée par la nécessité d'une légitime défense. Seule son ambition en fut cause. Aujourd'hui, elle se dit pacifique. Peut-on la croire? Les révélations récentes ont soulevé un coin du voile qui recouvrait jusqu'ici les négociations tentées en août 1917, à l'aide de la note pontificale, par le Gouvernement allemand. On sait quelles complicités l'État-Major trouva dans les pouvoirs civils qui, tout en restant en deçà de ses propositions monstrueuses, n'en réclamèrent pas moins, celui-ci, M. Michaelis, Liége et l'asservissement de la Belgique, celui-là, M. Erzberger, Longwy et Verdun. Si ces projets avaient été connus, l'horreur du monde civilisé aurait condamné l'Allemagne et l'aurait forcée à les retirer. Le Président Wilson a eu raison de dire que la clarté imposée à tous les pays sera une des forces de la Ligue des Nations. « L'intrigue ne supporte pas la publicité, et quand bien même la Ligue des Nations ne serait qu'une grande Société de discussion, cela serait suffisant pour tuer l'intrigue. »

IV. — C'est surtout dans l'ordre des questions relatives au travail que la Ligue des Nations peut être définie « une Société de discussion ». On aurait, ici encore, voulu davantage. Le travail a pris dans les préoccupations universelles une place dont on ne saurait exagérer l'importance. C'est un monde nouveau qui se lève. Le traité de Versailles consacre à l'organisation du travail sa treizième partie qui ne comprend pas moins de 41 articles. Est-ce une charte? Malheureusement non.

C'est plutôt une série de préceptes sociaux, d'intentions excellentes, de sages conseils. Le Travail espérait et méritait mieux. Il faudra qu'on en vienne à un code international du travail avec ses moyens d'exécution, ses contraintes et ses sanctions. En posant des principes généraux qu'il suggère sans les imposer, le traité de Versailles ouvre une voie, mais il n'est qu'un commencement timide. Pourtant tout n'y est pas inutile. Il suffit à certaines idées d'être exprimées d'une certaine façon et en de certains lieux pour gagner le monde. En reconnaissant la journée de huit heures, le Traité l'a imposée. D'autres progrès suivront dans lesquels s'accordent la justice et la paix sociale. Mais la Conférence n'a pas commis l'erreur de créer ou de reconnaître des *classes* pour les opposer les unes aux autres. Elle n'est pas tombée dans le piège que lui tendait avec une lourde malice la Délégation allemande. Ce n'était pas assez qu'elle proposât, pour brouiller les cartes, la réunion à Versailles d'une conférence du Travail. Elle faisait l'aveu de sa tactique en disant, sous la signature démocratisée du comte Brockdorff-Rantzau que, « selon la manière de voir du Gouvernement démocratique allemand, ce sont les ouvriers eux-mêmes qui ont la parole décisive dans les questions du droit ouvrier et de la protection ouvrière ». Cette audace ingénue a reçu la leçon qu'elle méritait. « Les démocraties alliées et associées, a-t-on fermement répondu, qui ont eu une très longue expérience des institutions démocratiques, considèrent qu'il est de leur devoir de collaborer avec les travailleurs à l'élaboration de cette législation. Mais elles estiment que les lois doivent être votées par les représentants de la Communauté toute entière. »

Il ne se rencontrera sans doute personne pour contester les principes généraux qui ont inspiré les dispositions insérées au traité de

Versailles. Se trouvera-t-il quelqu'un pour plaindre l'Allemagne de la dureté des conditions qu'elle subit? On peut comprendre que des protestations soient venues de certains pays neutres où l'Allemagne avait noué des relations de complicité. Mais la France ne peut pas avoir de pitié pour son assassin. Elle n'a pas cherché à se venger par des représailles, elle n'a demandé, elle n'a voulu, elle n'a obtenu que la justice. Ni elle ni ses alliés et associés n'ont retourné contre l'Allemagne la brutalité des procédés du traité de Brest-Litovsk ou les conditions, qui révoltent la conscience par leur hypocrisie et par leur cruauté, du traité de Bucarest. L'Allemagne n'aurait rien eu à dire si on lui avait appliqué, pour prix de la victoire, le traitement qu'elle a infligé aux autres, et dont elle se promettait même d'aggraver contre la France l'horreur inhumaine. Au témoignage d'un des diplomates du nouveau régime, le professeur

Foerster, elle avait « inspiré la méfiance et le dégoût à presque tout le monde civilisé ». « Devons-nous ignorer, ajoutait-il, que les conditions énormes, qu'on nous présente aujourd'hui s'expliquent par notre attitude pendant les dernières années, par le sabotage auquel nous nous sommes livrés dans l'œuvre de La Haye, par la façon dont nous avons conduit la guerre, en dévastant et en ruinant systématiquement des pays entiers, en déportant en masse des femmes et des jeunes filles, en prenant l'initiative de toutes les destructions nouvelles?... N'est-ce pas le fait de la justice immanente si on nous traite aujourd'hui avec cette même rigueur absolue que nous avions jadis célébrée comme le comble de la sagesse politique et dont nous avions fait notre règle de conduite dans les territoires occupés? » Le professeur Foerster n'exagère pas le réquisitoire, mais il exagère la rigueur de la sentence. A vrai dire, les Puissances alliées et associées n'ont pas appliqué à l'Allemagne son propre traitement. Il faut plutôt dire qu'elles l'ont ménagée.

Au regard de la France, le Traité a mis fin à une douloureuse injustice. En lui rendant l'Alsace et la Lorraine, il a reconstitué son foyer. Il y a un an encore, toutes les voix autorisées proclamaient, en France et en Allemagne, comme elles l'avaient fait pendant toute la guerre, que l'Alsace et la Lorraine seraient l'enjeu de la victoire. Les chères et fidèles provinces sont à nous : nous avons vaincu. Cette restitution suffirait à faire du traité de Versailles l'une des dates les plus glorieuses de notre histoire nationale. Est-elle donc le seul avantage du Traité? Certes, pour qui en examine les articles isolément et à la loupe, il prête à des critiques, à des vœux et à des regrets; il ajoute aux défauts inhérents à toute œuvre humaine les inconvénients inséparables d'une œuvre collective. Mais est-il équitable de l'examiner comme un acte notarié dont les dispositions insuffisantes courraient le risque de la nullité? Il faut le juger de plus haut et dans l'ensemble, dans ses réalités et dans ses possibilités.

Il abroge le traité de Francfort qui entravait si lourdement notre essor économique, et il lui substitue, par un juste retour des choses, au profit des Puissances alliées et associées, une série de droits, de priorités ou de privilèges dont il dépendra de l'activité de la France de tirer parti pour son prompt relèvement.

En abrogeant le traité d'Algésiras et le traité franco-allemand du 4 novembre 1911, il apporte au Maroc une libération qu'il faudra consolider par d'autres actes dont l'expulsion de l'Allemagne rendra l'effort et le résultat plus aisés. L'attaché militaire allemand en Espagne disait en 1913 : « C'est encore au Maroc qu'on pourra le mieux couper les jarrets de la France. » Ce n'est pas la France qui a eu, au Maroc ou en Europe, les jarrets coupés. Le Maroc, dont le développement est prodigieux et dont les ressources sont immenses, est une des parties, la plus importante peut-être, de notre avenir. Comme l'Alsace et comme la Lorraine, il était un des enjeux de la bataille. La bataille est gagnée, et la victoire a libéré l'enjeu. A la condition que les pouvoirs publics fassent tout leur devoir et que les Puissances alliées et associées prolongent dans la paix la solidarité qui a fait le succès de la guerre, le Traité assurera aux provinces dévastées la reconstitution intégrale dont l'Allemagne vaincue a assumé la charge. Certes, la tâche de la France sera lourde, mais que ne peut-on pas attendre de son dévouement, de ses sacrifices et de sa discipline? Sa victoire a été le prix d'un héroïsme, d'une abnégation et d'une ténacité qui ont enlevé l'admiration du monde. Elle saura ne pas en déchoir. La paix que le Traité lui apporte est une paix de vigilance, d'action, de « création continue ». Elle en a goûté la gloire, si douce à la fierté de son cœur, mais elle en comprendra et elle en remplira les devoirs. Elle gagnera la paix, comme elle a gagné la plus longue et la plus dure des guerres, par le travail, par la confiance et par l'union.

ANNEXES

I

Mémoire du Gouvernement français sur la fixation au Rhin de la frontière occidentale de l'Allemagne et l'occupation interalliée des ponts du fleuve (25 février 1919).

I. — Le but a atteindre.

Les considérations que le Gouvernement français soumet à la Conférence au sujet de la rive gauche du Rhin n'ont pas un caractère égoïste.

Elles ne tendent pas à des annexions de territoire. Elles visent à la suppression d'un danger commun et à la création d'une commune protection.

C'est un problème d'intérêt général, un problème que la France, la première exposée au danger qu'il s'agit de conjurer, a le devoir et le droit de poser, mais qui affecte directement l'ensemble des pays alliés et associés et ne peut être résolu que par eux tous.

Le but essentiel que la Conférence veut atteindre, c'est d'empêcher, par des moyens justes, que ce qui a été ne puisse recommencer.

Or, ce qui s'est produit en 1914 n'a été possible que pour une seule raison : l'Allemagne, en raison de sa maîtrise des ponts du Rhin et de l'organisation offensive faite par elle sur la rive gauche du fleuve, s'est crue capable d'écraser les démocraties occidentales, France et Belgique, avant que celles-ci eussent reçu l'aide des démocraties d'outre-mer : Grande-Bretagne, Dominions, États-Unis.

C'est parce que cela était possible que l'Allemagne s'est décidée à attaquer.

C'est donc cette possibilité qu'il faut supprimer en privant l'Allemagne des moyens qui lui ont permis de croire au succès de son plan.

En un mot, il ne s'agit pas ici d'agrandir tel ou tel des pays alliés; il s'agit de mettre l'Allemagne hors d'état de nuire en lui imposant des conditions indispensables à la sécurité commune des démocraties occidentales et de leurs alliés et associés d'outre-mer, en même temps qu'à l'existence même de la France.

Il ne s'agit pas d'annexer un pouce de sol allemand : il s'agit de retirer à l'Allemagne ses instruments offensifs.

II. — Nécessité de l'occupation interalliée des ponts du Rhin.

Il convient d'abord d'examiner la nature du danger qu'on veut conjurer, de montrer qui il menace; en quoi il consiste; par quels moyens il peut être supprimé.

1° *Le risque est commun à tous les alliés.*

a) Si en 1914, les Allemands, bousculant les Belges, les Français et les quelques divisions anglaises alors en ligne, avaient pris les ports de la Manche, l'aide apportée par la Grande-Bretagne en 1915 à la cause commune aurait été ralentie, sinon empêchée.

Si en 1918, les Allemands avaient pris Paris, la concentration des armées françaises au sud de la Loire et le repli de nos industries de guerre auraient certainement apporté au débarquement et au transport par fer de l'armée américaine, qui commençait seulement à arriver, des retards dont les conséquences eussent été des plus graves.

Donc, pas de doute; à deux reprises — et on

pourrait multiplier les exemples — l'aide militaire des deux grandes puissances d'outre-mer a failli être entravée et même compromise avant d'avoir pu prendre corps.

b) Pour qu'il en soit autrement, c'est-à-dire pour que les puissances maritimes puissent utilement participer sur le continent à une guerre défensive contre une agression venant de l'Est, il faut qu'elles aient la garantie que le territoire français ne sera pas envahi en quelques jours.

En d'autres termes, s'il ne reste pas assez de ports français pour que les armées d'outre-mer débarquent leurs troupes et leur matériel, pas assez de sol français pour qu'elles se concentrent et se déploient en avant de leurs bases, la guerre continentale contre une Puissance visant à dominer le continent sera interdite aux démocraties d'outre-mer. Elles seront privées de leur champ de bataille le plus proche et le plus naturel. Et il ne leur restera que la guerre maritime et la guerre économique.

Donc, la leçon parfaitement claire de la dernière guerre, c'est qu'une forte protection naturelle à l'Est est de l'intérêt commun des démocraties occidentales et d'outre-mer. Et cette leçon est soulignée par le fait que la Russie, aujourd'hui, n'existe plus.

Pour déterminer cette protection, voyons d'abord d'où vient le danger.

2° *Le risque vient de la possession, par l'Allemagne, de la rive gauche et des ponts du Rhin.*

Si l'Allemagne a pu concevoir et réaliser l'attaque brusquée qui a failli décider en cinq semaines de l'issue de la guerre, c'est qu'elle tenait la rive gauche du Rhin et en avait fait contre ses voisins une place d'armes offensive, rapidement et constamment alimentée grâce au débit des ponts du Rhin.

Toute l'histoire militaire, depuis 1815, le démontre, et le plan est inscrit tout au long dans les écrits comme dans les actes de l'état-major allemand.

a) L'histoire d'abord, celle de 1870 comme de 1914.

En 1870, malgré l'imperfection, à cette époque, du réseau ferré prussien, c'est sur la rive gauche que s'est faite la concentration des troupes prussiennes.

Ce fait est d'autant plus significatif que l'état-major prussien était alors sous l'impression de la réputation offensive de l'armée française et, par suite, très prudent. Malgré cela, et même dans l'hypothèse où la France aurait pris l'initiative des opérations, la Prusse s'était bornée à étudier un plan de concentration plus à l'Est, mais toujours sur la rive gauche.

En d'autres termes, elle n'avait pas songé à se couvrir du fleuve, et en toute éventualité elle le considérait comme la base offensive indispensable à l'exécution d'un plan d'attaque. On sait qu'en fait, grâce à sa concentration sur la rive gauche, l'armée prussienne, en moins de trois semaines, envahit le territoire français.

En 1914, la même situation a produit les mêmes effets. Mais les choses sont allées plus vite grâce à l'énorme développement des moyens. L'Allemagne, massée cette fois encore sur la rive gauche du Rhin (et beaucoup plus près qu'en 1870 de la frontière française, grâce à la perfection de son réseau ferré) a pu, en quelques heures, porter la guerre en Belgique et en France; en quelques semaines, au cœur même de la France.

Avant même la déclaration de guerre, elle a occupé un territoire d'où la France tirait 90 p. 100 de sa production de minerai, 86 p. 100 de sa production de fonte, 75 p. 100 de sa production d'acier, et 95 hauts fourneaux sur 127 sont tombés aux mains de l'ennemi.

Cette situation a permis à l'Allemagne de multiplier ses ressources de guerre, en même temps qu'elle privait la France de ses moyens de défense les plus nécessaires. Elle a failli aboutir à la prise de Paris en septembre 1914, de Dunkerque, de Calais et de Boulogne six semaines plus tard.

Tout cela n'a été possible que parce que, *à nos portes, à quelques jours de marche de notre capitale, l'Allemagne disposait de la plus formidable place d'armes offensive* que l'histoire ait jamais connue.

b) Cette place d'armes, elle l'a depuis un siècle, par une politique d'agression qui n'a jamais varié, — visant les têtes de pont de la Sarre en 1815, du Rhin et de la Moselle en 1870, de la Meuse en 1914, — constamment renforcée en déclarant ouvertement que, pour cela, la rive gauche du Rhin lui était indispensable.

Pendant les négociations du Congrès de Vienne, Gneisenau et Grolman indiquaient déjà que « la concentration principale de l'armée prussienne devait se faire entre *Rhin* et *Moselle* ».

Convaincu par leur insistance, Castlereagh écrivait à Wellington, le 1er octobre 1815 : « M. Pitt était tout à fait dans le vrai quand, dès 1805, il voulait donner à la Prusse plus de territoire sur la rive gauche du Rhin et la mettre ainsi davantage en contact militaire avec la France. »

En 1832, Boyen répétait que la concentration devait se faire à *Trèves*.

En 1840, Grolman, reprenant la même idée, fixait comme premier objectif de la concentration allemande l'offensive en Lorraine et en Champagne.

C'est la même idée qui inspirait à de Moltke son plan d'opérations contre la France en 1870. C'est ce même plan que l'Allemagne a exécuté en 1914, avec une violence et une ampleur sans précédents.

Faut-il rappeler enfin qu'en novembre 1917 l'amiral Tirpitz déclarait, devant la Ligue de la patrie allemande, que, sans la possession de la rive gauche, l'Allemagne n'aurait pas pu « faire passer ses armées par une Belgique neutre ».

c) Telle étant la doctrine, l'Allemagne l'a traduite en actes en organisant militairement la rive gauche et les ponts du Rhin, clef de cette organisation.

Pour cela, elle a construit des forteresses, des camps de concentration, enfin et surtout un réseau ferré formidablement outillé pour l'attaque et relié par les ponts du Rhin à tout le réseau de la rive droite, orienté lui aussi dans ce dessein offensif.

Les fortifications du Rhin et de sa rive gauche

comportaient outre les régions fortifiées de *Metz-Thionville* et *Strasbourg-Molsheim*, dont le rôle se trouvera annulé par le retour de l'Alsace-Lorraine à la France, les forteresses du Rhin : Cologne, Coblentz, Mayence... points de passage des voies ferrées stratégiques et vastes camps retranchés (approvisionnements, matériels, casernes, ateliers de fabrication ou de réparation, etc.).

Les camps d'instruction, tels que celui de Malmédy, étaient susceptibles d'être transformés en camps de concentration, procédé facile pour réaliser, sous prétexte d'instruction, des concentrations de troupes à proximité d'États pacifiques ou même neutres (France, Belgique, Luxembourg).

Le réseau ferré a une signification plus large encore. Si l'on regarde la carte des chemins de fer allemands de la rive droite du Rhin, on constate que neuf grands courants de transports indépendants convergent vers les ponts du fleuve et se prolongent par eux sur la rive gauche.

Huit sur neuf de ces grands courants passent entre Duisbourg et Rastadt, inondant de troupes la frontière française et préparant l'agression.

C'est donc de toute évidence *sur le débit des ponts* du Rhin qu'a été basé le plan d'agression, conçu et préparé dès 1815, réalisé par deux fois en 1870 et en 1914. Sans la rive gauche et surtout sans les ponts, les seconds alimentant la première, l'agression n'aurait pas été possible.

d) Cela est si vrai que, dès 1909, le général allemand von Falkenhausen, dans son ouvrage *Der grosse Krieg der Jetztzeit* montrait que, grâce à la maîtrise des ponts, l'Allemagne pourrait porter la guerre en territoire ennemi, même si, par hypothèse, les armées françaises, britanniques, italiennes, avaient utilisé, avant l'ouverture des hostilités, les territoires hollandais, belge, luxembourgeois et rhénans et opéré leur concentration en avant de la ligne Schlestadt, Sarrebourg, Saint-Avold, Luxembourg, Bastogne.

Même dans ce cas, d'après le général, l'Allemagne faisant sa concentration sur le Rhin et *maîtresse des ponts du fleuve*, pouvait grâce au débit de ces ponts, porter en trois jours la moitié de ses forces, soit plus de 20 corps d'armée, sur la ligne Juliers, Duren, Kochem, Birkenfeld, Kaiserslautern, Haguenau, sans que ses adversaires eussent le temps de s'y opposer.

On voit que l'hypothèse du général von Falkenhausen correspondrait exactement à la situation qui serait créée, si la paix laissait à l'Allemagne la possession des ponts du Rhin. Cette possession, d'après la démonstration même du général suffirait en tout état de cause à assurer à l'Allemagne le bénéfice d'une guerre offensive.

Cette hypothèse démontre, en d'autres termes, que le danger vient de la possession par l'Allemagne non pas seulement de la rive gauche, mais aussi et surtout des ponts du Rhin.

Ainsi, la géographie, l'histoire, la doctrine de l'état-major allemand s'accordent pour établir que la capacité offensive de l'Allemagne est essentiellement *fonction du réseau stratégique* qu'elle a construit sur la rive gauche du Rhin, en combinaison avec les forteresses du fleuve, c'est-à-dire, en dernière analyse, que *cette puissance d'agression est fonction du débit des ponts.*

Si l'on veut supprimer cette puissance d'agression, il faut enlever à l'Allemagne non seulement la rive gauche, mais aussi les ponts du Rhin — ce qui revient à fixer au Rhin sa frontière occidentale.

C'est là une condition strictement nécessaire. Est-ce une condition suffisante?

3° *La sécurité des démocraties occidentales et d'outre-mer exige, dans les circonstances actuelles, que les ponts du Rhin soient gardés par elles.*

La non-occupation par l'Allemagne de la rive gauche et des ponts suffirait-elle à lui interdire le renouvellement de son attaque brusquée de 1870 et de 1914? Certainement non.

a) Si, en effet, les ponts ne sont pas gardés contre l'Allemagne, celle-ci, grâce à la disposition de son réseau ferré de la rive droite, peut aisément s'en saisir. La carte des chemins de fer en témoigne.

Dira-t-on que, en ce cas, il suffirait de détruire le réseau stratégique de la rive gauche? Ce serait ou impossible ou inopérant.

Impossible : car une destruction totale ne peut pas se concevoir; en effet, les chemins de fer répondent à des besoins économiques en même temps qu'à des plans stratégiques.

Inopérant : car une destruction partielle portant sur les installations militaires seules serait insuffisante; en effet, les quais militaires et les quais commerciaux sont souvent confondus.

Il serait donc toujours possible à l'Allemagne, soit de construire de nouveaux quais sous un prétexte commercial, soit d'y suppléer par l'organisation de chantiers de débarquement en pleine voie.

b) D'autre part, même démantelées, les villes du Rhin, avec leurs ponts, leurs gares, leurs installations commerciales, constitueront toujours de vastes chantiers de débarquement et de concentration de forces.

En d'autres termes, seule l'occupation des ponts par des troupes interalliées sera, contre une agression allemande, une garantie positive; car si, cette occupation une fois réalisée, l'Allemagne formait de nouveau des desseins agressifs, elle aurait, pour se préparer, à modifier d'abord son réseau ferré de la rive droite, et cela serait facilement connu.

L'occupation des ponts est donc la protection minima des démocraties occidentales et d'outremer.

c) C'est aussi une protection indispensable pour les États nouveaux que les Alliés ont appelés à la vie à l'est et au sud de l'Allemagne.

Supposez, en effet, l'Allemagne maîtresse du Rhin, et voulant attaquer la République de Pologne, ou la République de Bohême.

Installée défensivement sur le Rhin, elle tiendra en échec (pour combien de temps?) les peuples d'Occident venus au secours des jeunes républiques, et celles-ci seront écrasées avant d'avoir pu être secourues.

4° *Conclusion.*

En résumé :

a) La sécurité commune des démocraties occidentales et d'outre-mer exige que l'Allemagne ne puisse pas recommencer l'attaque brusquée de 1870 et 1914.

b) Pour empêcher l'Allemagne de recommencer cette attaque, il faut interdire à ses forces l'accès de la rive gauche du Rhin et fixer au fleuve sa frontière occidentale.

c) Pour lui interdire cet accès, il faut occuper les ponts du fleuve.

Par ce moyen et par ce moyen seul :

a) L'Allemagne sera privée de sa base offensive;

b) Les démocraties d'Occident trouveront une bonne protection défensive, résultant, en premier lieu, de la largeur du fleuve (obstacle à une attaque brusquée par tanks, gaz, etc.), ensuite de sa direction rectiligne (obstacle à une attaque enveloppante).

C'est l'histoire d'un siècle qui démontre la nécessité de cette protection. C'est la sécurité commune des Alliés qui exige que le Rhin devienne, suivant l'expression du Président Wilson, « la frontière de la Liberté ».

III. — Insuffisance actuelle des garanties résultant, soit de la limitation des forces militaires de l'Allemagne, soit de la Ligue des Nations.

Tout le monde, croyons-nous, sera d'accord sur le but à atteindre. Mais on peut se demander s'il n'y a qu'une seule façon de l'atteindre.

En d'autres termes, cette garantie — l'Allemagne et sa force militaire rejetées à l'est du Rhin, les ponts du Rhin gardés par les Alliés — qui apparaît au Gouvernement français comme totalement indispensable, est-elle la seule qui se puisse concevoir pour atteindre le but?

Ou ne trouverait-on pas, au contraire, une protection suffisante, soit dans la limitation des forces militaires de l'Allemagne, soit dans les clauses de l'avant-projet de la Ligue des Nations?

A la question ainsi posée, le Gouvernement français, pour les motifs suivants, répond négativement.

1° *La limitation des forces militaires de l'Allemagne n'est pas, actuellement, une garantie suffisante.*

a) La force militaire de l'Allemagne repose sur trois facteurs :

Les effectifs (70 millions d'âmes fournissant des

classes de 550.000 hommes); le matériel de guerre (stocks existant et possibilités de production); l'état-major (dont l'organisation constituait un véritable État dans l'État).

Des mesures de limitation sont à l'étude. Elles devront porter sur les trois facteurs ci-dessus et comprendre notamment la limitation :

— Du nombre et de la composition des divisions, du contingent annuel, etc.;

— Du matériel et des approvisionnements;

— De l'organisation militaire ancienne (Kriegsakademie, manœuvres, etc.).

Supposons que l'Allemagne accepte ces conditions. Sera-ce la sécurité totale? Non.

b) D'abord l'Histoire, sans que nous entendions exagérer la portée actuelle de ses leçons, conseille un certain scepticisme.

Un seul exemple : en septembre 1808, Napoléon a imposé à la Prusse l'engagement de ne pas entretenir pendant dix ans plus de 42.000 hommes et celui de ne recourir ni à une levée extraordinaire de milices ou de gardes nationales, ni à aucune combinaison pouvant aboutir au dépassement de ce total de 42.000 hommes.

Or, qu'est-il arrivé?

Malgré le contrôle diplomatique et militaire incessant de Napoléon, la Prusse éluda ou tourna toutes les clauses. Estimant qu'avec une population de 5 millions d'habitants elle pouvait dès cette époque entretenir une armée de 150.000 hommes, elle fit passer, dans le temps minimum, toute la population valide par l'armée, en réduisant la durée du service actif, et elle organisa l'instruction militaire préparatoire par l'enseignement scolaire.

En dépit des menaces du vainqueur et malgré les moyens de pression dont il disposait, cette réorganisation militaire se poursuivit sans interruption et aboutit à créer la grande armée nationale de plusieurs centaines de mille hommes, qui fut mobilisée en 1813.

c) Voilà le passé. Dira-t-on que nous aurons demain des moyens de contrôle plus efficaces que ceux de Napoléon? Peut-être. Mais nous répondons que les difficultés de ce contrôle seront accrues beaucoup plus encore que ne le sera l'efficacité de nos moyens.

Au lieu d'un petit pays de 5 millions d'habitants, nous aurons affaire à un pays de 70 millions.

Au lieu d'un pays sans industrie, nous aurons affaire à un pays disposant de ressources industrielles considérables.

Pour que notre contrôle soit réel, il devra s'exercer :

— Sur le budget de la guerre;

— Sur le budget de l'industrie;

— Sur l'organisation de l'état-major et de l'instruction de l'armée;

— Sur les effectifs et les lois de recrutement;

— Sur le matériel existant;

— Sur les possibilités de fabrication dans tout le territoire allemand;

— Sur les directives morales, y compris l'enseignement scolaire.

Croit-on que ce contrôle s'organisera en un jour? Croit-on surtout que nous serons fixés, avant de longues années, sur son efficacité? Assurément non.

Peut-on méconnaître, d'autre part, que, pour les années prochaines, l'Allemagne conservera, par la force des choses, une puissance militaire dont certains éléments sont impossibles à réduire, notamment :

— Des états-majors instruits;

— Un énorme cadre d'officiers de réserve exercés (110.500 en août 1918, non compris la Bavière);

— Des millions de soldats aguerris;

— Une population d'âge militaire qui ne fera que croître pendant de longues années, vu la courbe ascendante des naissances depuis vingt ans;

— Un matériel et des possibilités de fabrication dont elle pourra dissimuler une partie, puisque nous-mêmes, les Alliés, nous n'arrivons pas à chiffrer exactement notre propre matériel existant.

Et peut-on, d'autre part, compter dans le temps présent sur une exécution sincère des engagements pris, alors que la soi-disant démocratie allemande, faisant preuve, sur tous les terrains, d'une immoralité totale, a mis à sa tête les hommes qui ont été les plus actifs agents de l'impérialisme et du militarisme : Ebert, Scheidemann, David, Erzberger, Brockdorff-Rantzau, sans oublier Hindenburg?

Au sujet d'ailleurs de leurs intentions, lisons leurs propres déclarations : le Gouvernement Ebert a fait connaître son projet d'appliquer le système militaire suisse : traduit en chiffres, qu'est-ce que cela veut dire?

Cela veut dire que l'Allemagne pourrait, sur la base de la loi suisse, mobiliser 193 divisions avec les éléments d'armée correspondants — exactement l'effectif qu'elle a jeté sur le front occidental dans son offensive du printemps 1918.

Autre indice : Les *Münchner Neuesten Nachrichten*, du 25 janvier 1919, reproduisant une déclaration du ministre des Affaires Étrangères bavarois, évaluent à 7.700.000 hommes environ (dont 3.200.000 combattants) la future armée allemande du temps de guerre.

d) De tout cela nous tirons une conclusion, dont nul ne saurait contester la légitimité et la modération, c'est que, au moins pour le moment et pour les années prochaines, il n'y a pas de limitation de la force militaire allemande, il n'y a pas de contrôle de cette limitation qui puisse assurer soit aux peuples victimes de l'agression de 1914, soit aux nouveaux États en voie de formation, une sécurité complète.

Sur mer, la livraison totale aux Alliés de la flotte de guerre allemande crée, dans une large mesure, une telle sécurité. *Sur terre, rien de tel n'est possible.*

Il en résulte que, quelques progrès que l'avenir puisse apporter dans la situation générale du monde, la limitation des forces militaires allemandes ne peut, dans l'état actuel, donner aux démocraties occidentales que des espérances, — sans certitude.

Or, des espérances — sans certitude — ne peuvent suffire à ceux qui ont subi l'agression de 1914.

Des espérances, — sans certitude, — ne peuvent pas suffire à la Belgique, victime de sa fidélité à la parole donnée, punie de cette fidélité, par l'invasion, l'incendie, le pillage, le viol, la ruine.

Des espérances — sans certitude — ne peuvent pas suffire à la France envahie avant la déclaration de guerre, privée en quelques heures (parce qu'elle avait éloigné ses troupes de la frontière pour éviter les incidents), de 90 p. 100 de sa production de minerai et de 86 p. 100 de sa production de fonte; à la France qui a eu 1.351.000 tués, 734.000 mutilés, 3 millions de blessés, 438.000 prisonniers martyrisés dans les prisons allemandes; qui a perdu 26 p. 100 de ses mobilisés, 57 p. 100 de ses soldats de moins de 31 ans, c'est-à-dire de la partie féconde de la nation; — à la France qui a vu anéantir le quart de son capital productif, détruire systématiquement ses régions industrielles du Nord et de l'Est; emmener en capitivité — et dans quelle captivité! — ses enfants, ses femmes et ses jeunes filles.

A ces deux pays, il faut des certitudes, non seulement la certitude de n'être pas exposés derechef à ce qu'ils ont souffert, il y a cinq ans, mais celle aussi de n'avoir pas à s'imposer, faute d'une garantie d'ordre physique, d'écrasantes charges militaires; or, ces certitudes, ni la Belgique ni la France ne les peuvent présentement trouver dans la limitation et le contrôle de la force militaire allemande.

2° *La Ligue des Nations ne peut pas non plus fournir une garantie suffisante.*

Cette sécurité totale, qui est indispensable et que ne peut donner dès maintenant ni la limitation de la force militaire allemande, ni le contrôle de cette limitation, pouvons-nous la trouver dans le Pacte de la Ligue des Nations, tel qu'il est présentement soumis à la Conférence?

a) Huit articles du projet du Pacte (art. X à XVII) définissent les garanties assurées aux participants contre une agression. On peut dire que ces garanties consistent dans un double intervalle de temps :

1° Le plus long possible entre la menace de guerre et l'acte de guerre (afin d'accroître les chances d'entente);

2° Le plus court possible entre l'acte de guerre et la décision par laquelle les membres de la Ligue apportent solidairement leur aide au pays attaqué.

Les choses étant ainsi, nous estimons que cette garantie n'est pas suffisante pour empêcher le renouvellement de ce qui s'est passé en 1914 : attaque brusquée dirigée par l'Allemagne contre la France et la Belgique et invasion immédiate de leur territoire.

Les raisons de notre conviction sont nombreuses; voici les principales :

b) Première raison; les mesures qui définissent les divers temps à marquer entre la menace d'agression et l'acte d'agression (procédés ordinaires de la diplomatie, arbitrage, enquête du Comité exécutif, engagement des parties de n'avoir pas recours à la force armée avant l'arbitrage ou enquête, et seulement trois mois après jugement ou décision), ne sont applicables que si le désaccord survient entre nations ayant signé le Pacte de la Ligue.

Or, l'Allemagne n'est pas et ne peut pas être présentement membre de la Ligue.

Le Pacte prévoit, il est vrai, toute une procédure appplicable aux États non membres. Mais rien ne garantit que cette procédure serait acceptée par l'Allemagne, si elle méditait de nouveau une attaque brusquée.

Au contraire, tout permet de prévoir qu'elle passerait aux actes avec le maximum de rapidité.

Dans une telle hypothèse, il est clair, en effet, que l'Allemagne d'aujourd'hui, l'Allemagne qui esquive la question des responsabilités; l'Allemagne de Scheidemann, Erzberger, Brockdorff-Rantzau, ne sera arrêtée dans son dessein d'agression, ni par une invitation à devenir membre de la Ligue, ni par la menace d'un blocus financier et commercial. Il est clair que l'Allemagne — avertie des sanctions qu'elle encourt, si elle laisse le temps aux forces internationales de jouer — se jettera sur la France et la Belgique avec l'idée, plus nette encore qu'en 1870 et 1914, que le temps est facteur du succès.

Nous pensons donc que les clauses du Pacte qui imposent une procédure entre la menace de guerre et l'acte de guerre ne suffiraient pas à arrêter l'Allemagne, si celle-ci était résolue à attaquer; c'est notre première raison.

c) Deuxième raison : l'Allemagne procède par attaque brusquée. Que nous apporte le Pacte comme garantie immédiate?

On sait que les propositions de la Délégation française tendant à la création d'une force internationale permanente n'ont pas été acceptées.

Un des associés étant attaqué, qu'arrive-t-il donc? Le Comité exécutif de la Ligue entre en action et spécifie l'importance des contingents militaires ou navals à fournir par chaque membre de la Ligue.

Supposez que cette décision du Comité intervienne avec le maximum de rapidité. Il ne lui manque qu'une chose, c'est d'être, par elle-même, exécutoire.

Prenons, pour fixer les idées, un exemple, celui de l'Amérique. Qu'arrivera-t-il?

Les forces américaines de terre et de mer ne peuvent pas être engagées sans un vote du Congrès. Admettons que le Congrès soit en vacances; il faudra prévoir, entre l'agression de l'Allemagne et le moment où l'aide américaine se fera sentir, les étapes suivantes :

— Une décision du Comité exécutif de la Ligue;

— Une réunion du Congrès américain où le quorum sera assuré, ce qui peut demander quatre ou cinq jours;

— La discussion du cas d'espèce;

— La mobilisation et le transport du corps expéditionnaire américain en France.

Nous avons cité le cas de l'Amérique. Mais ce n'est pas le seul qu'on puisse produire.

Reprenez les stades successifs qui viennent d'être indiqués et faites-en l'application à l'attaque allemande de 1914.

Supposez que la France et la Belgique envahies aient eu à faire jouer ce mécanisme compliqué avant d'obtenir le concours de l'Angleterre et que celle-ci, au lieu de commencer ses embarquements de troupes dans les huit jours eût dû (après réunion et décision du Comité exécutif, transmission de cette décision, délibération de son Gouvernement, réunion du Parlement, débat et vote), reculer, de tout le temps nécessaire à ces diverses opérations, son intervention effective : la gauche de l'armée française eût été tournée à Charleroi et la guerre perdue le 24 août.

En d'autres termes, admettez qu'au lieu de l'engagement militaire défensif — très limité mais positif — qui liait à la France la Grande-Bretagne, il n'y ait eu, entre les deux pays, en août 1914, que les engagements généraux du Pacte de la Ligue, la rapidité de l'intervention britannique eût été moindre et la victoire assurée, de ce fait, à l'Allemagne.

Nous pensons donc que, dans les conditions présentes, l'aide fournie par le Pacte de la Ligue risque d'arriver trop tard; et c'est notre seconde raison.

d) Notre troisième raison, et elle est décisive, c'est que, vu la situation géographique de la France, nous avons deux objectifs également impérieux :

— L'un est la victoire;
— L'autre est la protection de notre sol.

On peut admettre comme certain que, grâce à la solidarité inscrite dans le Pacte de la Ligue, la victoire finale nous appartiendrait dans le cas d'une nouvelle agression allemande.

Mais cela ne suffit pas. Nous ne voulons pas qu'entre l'agression et la victoire interviennent, comme cela a été le cas en 1914, l'invasion de notre sol, sa destruction systématique, le martyre de nos concitoyens du Nord et de l'Est.

C'est contre ce second risque, autant que contre le risque de la défaite, qu'une garantie est nécessaire, garantie que la Ligue ne fournit pas, et qui résultera au contraire de la solution proposée par le Gouvernement français.

c) Résumant ici notre argumentation en ce qui touche la garantie résultant de la Ligue, nous disons :

Pour un temps indéterminé :

— D'une part, l'Allemagne restera en dehors de la Ligue des Nations;

— D'autre part, les décisions du Comité exécutif, au lieu de mettre en jeu automatiquement une force internationale placée à pied-d'œuvre, devront être soumises à l'approbation des parlements nationaux qui décideront si, oui ou non, les forces nationales pourront se joindre à la force armée de l'État attaqué.

Nous ne trouvons donc aucune des deux garanties sur lesquelles est fondée l'action pacificatrice de la Ligue, savoir :

— Intervalle très long entre l'idée de guerre et l'acte de guerre;

— Intervalle très court entre l'acte de guerre et le groupement solidaire de toutes les forces armées de la Ligue.

A défaut de ces deux garanties, nous demandons contre une Allemagne deux fois plus nombreuse que la France, contre une Allemagne qui, pour longtemps, ne pourra pas être crue sur parole — nous demandons une garantie d'un autre ordre — *une garantie d'ordre physique.*

Cette garantie d'ordre physique, dans notre esprit, n'est pas destinée à suppléer l'autre — celle qui viendra de la Ligue — mais à lui donner le temps de jouer, avant qu'il soit trop tard.

Cette garantie d'ordre physique, nous avons montré *qu'il y en a une et qu'il n'y en a qu'une :* la garde des ponts du Rhin par une force interalliée.

Ajoutons que, pour le moment présent, c'est l'intérêt même de la Ligue des Nations que cette garantie supplémentaire vienne assurer le jeu normal et efficace du double mécanisme qu'elle a conçu pour assurer le maintien de la paix.

IV. — Suppression, par l'occupation interalliée des ponts du Rhin, de plusieurs facteurs de guerre.

Nous avons établi que :

1° Une garantie commune contre le renouvellement d'une attaque brusquée de l'Allemagne est nécessaire;

2° Que cette garantie ne peut pas être totalement fournie, soit par la limitation et le contrôle de la force militaire de l'Allemagne, soit par les clauses du Pacte de la Ligue des Nations;

3° Que cette garantie ne se trouve que dans la fixation au Rhin de la frontière occidentale de l'Allemagne et dans l'occupation des ponts du fleuve par une force interalliée.

Il est facile de montrer, en outre, que la garantie commune trouvée dans l'occupation des ponts du Rhin concorde avec l'intérêt général de la Ligue et avec l'idéal pacifique qui est le sien; elle supprime, en effet, un certain nombre de facteurs permanents de guerre qu'il est de son intérêt et de son devoir d'éliminer.

1° *Suppression d'un dangereux déséquilibre de force.*

L'Allemagne (même diminuée de la Posnanie, du Slesvig, de l'Alsace-Lorraine et des provinces rhénanes de la rive gauche), représente encore 57 millions d'habitants, à quoi s'ajouteraient probablement en cas de guerre 7 millions d'Autrichiens allemands, soit au total 64 millions. La France, la Belgique et le Luxembourg ne représentent au contraire que 49 millions.

Or, comme contrepoids, la Russie de 1914 n'existe plus et les États récemment créés n'existent pas encore. A la séance du Conseil supérieur des Alliés du 15 février 1919, M. Winston Churchill l'a signalé avec force en disant : « Il y a deux fois plus d'Allemands que de Français et, en raison de la forte natalité allemande, il y a en Allemagne, chaque année, trois fois plus de jeunes gens en âge de porter les armes qu'en France. C'est un fait formidable. » Ce « fait formidable » est un facteur de guerre. S'il est impossible de le supprimer, il est au moins utile d'essayer de le réduire.

2° *Suppression de l'une des causes économiques des agressions allemandes.*

Il est généralement reconnu qu'il y a intérêt à protéger les zones industrielles qui sont vitales pour chaque pays.

En effet, l'occupation rapide de ces zones vitales assure à l'agresseur un avantage décisif, puisqu'il ajoute par là à ses moyens propres de production ceux qu'il retire à son adversaire. Il est donc certain que la possibilité de s'assurer cet avantage constitue un facteur de guerre.

L'histoire le démontre d'ailleurs. L'Allemagne a visé en 1815 le charbon de la Sarre, en 1870 le minerai de Lorraine, en 1914 le minerai de Briey. Elle a reconnu explicitement que, si elle a pu mener la dernière guerre, c'est en se saisissant par une attaque brusquée du minerai français, « sans lequel jamais, au grand jamais, elle n'aurait pu conduire victorieusement cette guerre » (*Mémoire des industriels allemands du fer et de l'acier* de décembre 1917).

Si le Rhin avait séparé les deux puissances, ce genre d'opération n'eût pas été possible. Et c'est consolider la paix que de retirer à l'Allemagne, en l'éloignant de son objectif historique, l'un des motifs principaux de ses agressions passées.

3° *Protection assurée aux petits États que la Ligue des Nations a pour objet de garantir.*

D'abord à la Belgique, en écartant d'elle un voisin redoutable. L'amiral Tirpitz, déjà cité, a déclaré devant la Ligue de la patrie allemande (*Münchner Neueste Nachrichten* du 11 novembre 1917) : « Représentez-vous bien ce qui arriverait si le front actuel, qui s'appuie à la mer, se trouvait à la frontière est des pays rhénans; nous ne pourrions pas recommencer une seconde fois à faire passer nos armées à travers une Belgique neutre. »

Ensuite à la Pologne, à la Tchéco-Slovaquie, à la Yougo-Slavie, qui, dans le cas où l'Allemagne profiterait des difficultés de leurs débuts pour chercher à les étrangler, ont besoin que le Rhin, tenu par l'Allemagne, n'arrête pas le secours attendu par elles des démocraties occidentales.

4° *Fermeture de la grande route historique des invasions.*

La rive gauche du Rhin a été pour les invasions une route séculaire. Sa disposition naturelle d'une part, l'orientation des voies ferrées qui la sillonnent d'autre part, en ont fait un champ de bataille historique, où les peuples de la rive droite (toutes les fois qu'ils étaient en même temps maîtres de la rive gauche) ont trouvé des possibilités d'agression, que l'intérêt de la paix conseille de supprimer.

5° *Création d'une frontière naturelle égale pour tous.*

Le Rhin, par sa largeur d'une part, par la direction rectiligne de son cours d'autre part, offre aux peuples des deux rives une garantie naturelle et égale contre une agression.

6° *Conclusion.*

De ce qui précède, il est permis de conclure que la garantie commune trouvée dans la fixation au Rhin de la frontière occidentale de l'Allemagne et l'occupation des ponts du Rhin par une force interalliée, non seulement est nécessaire, mais encore qu'elle concorde avec les principes mis en œuvre par la Ligue des Nations, pour empêcher les guerres futures.

V. — Identité de l'intérêt collectif et de l'intérêt français.

Il est maintenant possible d'avoir de l'ensemble du problème une vue qui peut se résumer ainsi :

a) En cette question, la France ne demande rien pour elle-même, ni un pouce de territoire, ni aucun droit de souveraineté. Elle ne veut pas annexer la rive gauche du Rhin.

Ce qu'elle propose, c'est la création, dans l'intérêt général, d'une protection commune à toutes les démocraties pacifiques, à la Ligue des Nations, à la liberté et à la Paix.

Mais la France a le devoir d'ajouter que sa demande, conforme au bien commun et exempte de tout dessein égoïste, exprime pour elle-même *une nécessité vitale* sur le principe de laquelle elle ne peut pas transiger.

Elle y trouve, en effet, la seule garantie immédiate et totale *que ce qu'elle a subi en* 1870 *et en* 1914 *ne se renouvellera pas*. Elle doit à son peuple — aux morts qui ne veulent pas être morts pour rien, aux vivants qui entendent refaire leur pays dans la paix et ne pas succomber sous des charges militaires écrasantes — d'obtenir cette garantie.

Sur les modalités d'application, le Gouvernement français est prêt à prendre l'avis de ses alliés, afin d'assurer dans les conditions les plus favorables le régime national, politique et économique de la région dont il demande que l'accès soit interdit à l'Allemagne. Il acceptera, à cet effet, toutes les suggestions qui ne porteront pas atteinte au principe lui-même.

Ce principe peut se résumer en trois articles :

1° Pas de force militaire allemande sur la rive gauche du Rhin et fixation au Rhin de la frontière occidentale de l'Allemagne;

2° Occupation des ponts du Rhin par une force interalliée;

3° Pas d'annexion.

Voilà ce que, dans l'état présent des choses, la France demande comme garantie nécessaire de la paix internationale, comme le gage indispensable de son existence nationale.

Elle espère que tous ses alliés et associés apprécieront l'*intérêt général* qui s'attache à cette proposition.

Elle compte, d'autre part, qu'ils reconnaitront le droit et le devoir qu'elle a de la présenter et de la soutenir *pour sa propre sécurité.*

d) Aussi bien n'est-ce pas le seul cas où l'intérêt vital d'un peuple se rencontre avec un intérêt général de l'humanité.

De tout temps, les puissances maritimes ont affirmé — qu'il s'agit de Philippe II, de Napoléon Ier ou de Guillaume II — que leur force était la seule arme capable de contrebalancer les tentatives impérialistes sur le continent.

C'est à ce titre qu'elles ont justifié, à leur profit, l'existence de flottes puissantes.

Mais en même temps elles n'ont jamais dissimulé que ces flottes constituaient pour elles une nécessité vitale.

Nécessité vitale pour les Iles Britanniques et pour l'Empire britannique, qui ont fait connaître leur volonté de ne rien abandonner des moyens maritimes qui leur ont permis de garder les mers contre l'Allemagne.

Nécessité vitale pour les États-Unis qui, riverains de deux grands Océans, intéressés par leurs richesses naturelles et industrielles à garantir leurs exportations, ont créé, si pacifiques qu'ils fussent, une marine de guerre, qu'ils développent en ce moment même.

C'est qu'en effet la flotte, pour la Grande-Bretagne comme pour les États-Unis, c'est le moyen de reculer de leur centre la frontière qu'ils auraient à défendre en cas d'agression et de créer une zone de sécurité en avant de cette frontière, en avant du territoire national.

Pour la France, la question posée est la même, avec cette triple différence que d'abord les mers ne la protègent pas contre l'Allemagne; qu'ensuite il est impossible pour elle d'obtenir sur terre la garantie complète que représente sur mer, pour la Grande-Bretagne et les États-Unis, la livraison aux Alliés de la flotte de guerre allemande, qu'enfin le chiffre de sa population par rapport à la population allemande (1 contre 2) ne lui permet pas d'espérer, au début d'une guerre, l'avantage que les puissances maritimes ont toujours attendu de la règle du « two power standard ».

Pour la France, il s'agit, comme pour la Grande-

Bretagne, comme pour les États-Unis, de créer une zone de sécurité.

Cette zone, les puissances maritimes la créent par leurs flottes et par la suppression de la flotte allemande. La France, que l'Océan ne couvre point et qui ne peut pas supprimer les millions d'Allemands aujourd'hui entraînés à la guerre, est obligée de la créer par le Rhin, grâce à l'occupation du fleuve par une force interalliée.

Si elle ne le faisait point, elle serait exposée une fois de plus, sinon à la défaite finale, du moins à la destruction d'une partie de son sol par l'invasion ennemie.

C'est un risque auquel elle entend n'être plus désormais en butte.

c) Au surplus, comme nous l'avons exposé plus haut, la garantie de paix, qui résulte de l'existence des puissances maritimes, ne pourrait pas jouer complètement, si la garde du Rhin n'assurait aux démocraties occidentales une garantie équivalente.

Dans le cas d'un rapprochement russo-allemand, ce n'est pas avec leur flotte, capable exclusivement d'assurer le blocus, que les Puissances maritimes défendraient le continent contre une tentative impérialiste.

Il leur faudrait encore la possibilité de débarquer sur le continent et de s'y battre. Pour cela, la garde du Rhin est indispensable.

Mais il y a plus, et l'on peut se demander si, dans cette hypothèse, le blocus même, assuré par les flottes, serait efficace. Que vaudrait-il contre une Allemagne maîtresse de la Russie, la colonisant, l'exploitant, réussissant en outre, par une attaque brusquée, à mettre hors de cause la France et la Belgique, à occuper leurs ports et à dominer toutes les puissances neutres de l'Europe?

Pour empêcher l'union « *du monde entier à l'est du Rhin* », ou du moins pour en conjurer les conséquences, un seul moyen : que le Rhin, au lieu de pouvoir servir, comme dans le passé, à l'Allemagne contre les Alliés, protège désormais les Alliés contre les entreprises de l'Allemagne.

d) En signalant ce point de vue à l'attention de ses alliés et associés, à celle notamment des deux grandes puissances maritimes, que sont l'Empire britannique et les États-Unis, le Gouvernement français a profondément conscience de travailler pour la paix — de même que les puissances maritimes ont conscience de servir la paix en maintenant ou en développant leurs forces navales.

Et de même que le maintien ou le développement de ces forces navales n'implique, de la part des puissances maritimes, nul dessein d'asservir les mers, de même la demande française relative à la garde du Rhin ne comporte ni gain de souveraineté ni annexion de territoire.

La France ne réclame pas pour elle la rive gauche du Rhin; elle n'en a que faire, et son intérêt, comme son idéal, lui interdit de la revendiquer.

La France ne réclame qu'une chose : c'est que les mesures, et les seules mesures, propres à empêcher de façon sûre la rive gauche du Rhin de devenir à nouveau la base d'une agression allemande soient prises par les Puissances actuellement réunies à la Conférence de la Paix.

En d'autres termes, *sans aucune ambition territoriale, mais pénétrée de la nécessité de créer une protection à la fois internationale et nationale,* la France attend de l'occupation interalliée du Rhin ce que la Grande-Bretagne et les États-Unis attendent du maintien de leur force navale; rien de plus, rien de moins.

Dans les deux cas, la nécessité nationale concorde avec la garantie internationale.

Dans les deux cas, même si la seconde faisait l'objet d'interprétations différentes, la première demeurerait pour le pays intéressé *une obligation ne comportant ni restriction ni réserve.*

Tel est le principe que le Gouvernement français prie les Gouvernements alliés et associés de consacrer par l'adoption de la décision suivante à insérer dans les clauses des préliminaires de paix :

1° *La frontière occidentale de l'Allemagne doit être fixée au Rhin;*

2° *Les ponts du Rhin doivent être occupés par une force interalliée ;*

3° *Les mesures ci-dessus ne doivent entraîner au profit d'aucune Puissance aucune annexion de territoire.*

II

Question posée par la Commission.

(29 juillet 1919.)

Comment le Gouvernement concilie-t-il son option en faveur des traités de garantie avec les arguments d'ordre militaire, diplomatique, économique, national et international qui se trouvent dans le Mémoire du Gouvernement du 25 février 1919 *sur la rive gauche du Rhin?*

RÉPONSE DU GOUVERNEMENT

I. — Observations générales.

1. — La Commission avait précédemment demandé au Gouvernement quel compte il avait tenu de l'opinion exprimée par le Maréchal Foch. Le Gouvernement a répondu en lui communiquant son Mémoire du 25 février, qui conclut dans le

même sens que le Maréchal. La Commission demande aujourd'hui pourquoi le Gouvernement ne s'est pas tenu au dit Mémoire et pour quelles raisons il a abandonné les arguments qui y sont exposés. La note remise à la Commission le 17 juillet par le Président du Conseil a déjà répondu à l'objet général de cette question par l'historique même des négociations qui montre que, dans une solution nouvelle et meilleure (traités avec la Grande-Bretagne et les États-Unis), la plupart des garanties demandées le 25 février ont été obtenues.

La présente note apporte une réponse plus spéciale basée sur l'examen détaillé du Mémoire dont il s'agit.

2. — Avant d'aborder les points spéciaux, on doit faire remarquer d'abord que le Mémoire du 25 février est un instrument de discussion. Il appuie donc, bien entendu, sur les arguments présentés et glisse sur les objections.

3. — On doit rappeler également que ce Mémoire a été rédigé dans la première quinzaine de février. A ce moment, la France, privée de l'alliance russe, voyant venir à terme — avec la paix — les engagements de guerre de ses autres alliés, devait chercher, seule, des garanties de sécurité, qui ne pouvaient être, vu cette solitude,

que d'ordre géographique. Aucune offre ni suggestion n'avait été faite ni par la Grande-Bretagne, ni par les États-Unis, qui permissent à la France d'espérer autre chose, notamment des garanties politiques *préventives*. Il fallait donc pousser au maximum l'argument de sécurité géographique et négliger les autres.

4. — On doit se souvenir aussi qu'au moment où ce Mémoire a été préparé et distribué, même les clauses militaires du Traité n'étaient pas définitivement acquises.

Ces clauses, dans leur forme première, ne devaient être présentées que le 6 mars au Conseil suprême par les experts militaires et dans cette forme première (soutenue par le Maréchal Foch et la Commission qu'il présidait), on savait que, laissant à l'Allemagne le service obligatoire avec des effectifs de 200.000 hommes, le projet lui assurait, tous les quinze ans, trois millions d'hommes instruits.

On savait également que ces clauses ne comportaient, ni pour les Puissances alliées et associées, ni pour la Société des Nations, aucun droit d'investigation en Allemagne.

On savait enfin que tous les votes du Conseil de la Société des Nations devaient être pris à l'unanimité, ce qui, en cas de péril rendait difficile, sinon impossible, le concours militaire immédiat de la Société.

Le Gouvernement français, pour ces raisons encore, s'ajoutant à celles exposées au paragraphe 3, devait donc, à cette époque, insister *exclusivement* sur les garanties de nature à augmenter sa *sécurité géographique après une attaque allemande*, puisque, ni *politiquement*, ni militairement, il ne disposait de moyens propres à empêcher une telle attaque par des garanties *préventives*.

5. — La Commission reconnait, semble-t-il, que, par le Mémoire du 25 février, le Gouvernement a pleinement rempli ce devoir. Il l'a rempli, en effet, sans s'arrêter aux inconvénients de la solution qu'il proposait et qui cependant ne lui échappaient pas, c'est à savoir :

a) Charges militaires, extrêmement lourdes, si la France devait occuper seule la rive gauche et les têtes de pont;

b) Impossibilité d'assurer pour un temps X, cette occupation, sans prendre, dans une large mesure, le contrôle politique d'une région peuplée (têtes de ponts comprises) de 7 millions d'Allemands;

c) Contradiction — de ce fait — avec le principe de libre disposition des peuples, explicitement accepté par la France le 4 novembre 1918 et constamment invoqué par elle pendant la guerre;

d) Risques de frictions locales entre les troupes d'occupation et la population allemande;

e) Possibilité de complication ainsi offerte, soit aux Allemands désireux de trouver un prétexte de guerre ou tout au moins de conflit permanent, soit à un Gouvernement français qu'aurait animé l'esprit d'imprudence que nous avons connu au temps du boulangisme.

Ces observations faites sur les conditions générales dans lesquelles le Gouvernement a présenté son Mémoire du 25 février, il convient de comparer point par point ce qui a été demandé alors et ce qui a été obtenu depuis.

II. — Garanties demandées par le Mémoire et obtenues par le Traité.

1. — Le Mémoire du 25 février définissait en ces termes le but à atteindre : « Retirer à l'Allemagne ses instruments offensifs » et le moyen essentiel : « Empêcher l'Allemagne de disposer à nos portes, sur la rive gauche du Rhin et avec les ponts du Rhin, de la plus formidable place d'armes offensive que l'histoire ait jamais connue. »

Le Gouvernement estime que ce résultat a été obtenu par les clauses suivantes, toutes arrêtées *postérieurement* au Mémoire du 25 février.

2. — *En ce qui concerne le but à atteindre :*

a) Réduction de l'armée allemande à 100.000 hommes servant douze ans (officiers et dépôts compris) au lieu de 200.000 hommes par an dans le premier projet du Maréchal Foch.

b) Réduction, — par rapport au même projet, — des divisions à 7 au lieu de 15 pour l'infanterie, 3 au lieu de 5 pour la cavalerie, des états-majors de corps d'armée à 2 au lieu de 5; suppression de l'état-major d'armée.

c) Réduction, — par rapport au même projet,— des canons de campagne et obusiers légers à 288 au lieu de 600. Suppression des canons longs de 105 et des obusiers de 150 dans les divisions; réduction de moitié des approvisionnements en munitions.

d) Pour l'avenir, au lieu (au bout de quinze ans) d'un effectif instruit de 3.000.000 d'hommes (200.000 × 15), un effectif instruit de 200.000 hommes (100.000 ayant servi douze ans et 100.000 sous les drapeaux), cette différence essentielle constituant la supériorité certaine du projet adopté le 17 mars par rapport à celui présenté le 6 par le Maréchal Foch.

e) Pour assurer la réduction des forces allemandes aux chiffres autorisés d'effectifs et de matériel, création de Commissions de contrôle interalliées militaires, navales et aéronautiques.

f) Une fois terminée cette réduction, obligation pour l'Allemagne de se prêter, en tout temps, à toute investigation jugée nécessaire par le Conseil de la Société des Nations sur l'exécution de ses engagements militaires.

g) Pour accélérer, en ce cas, la décision, substitution, pour le Conseil de la Société des Nations, du vote à la majorité au vote à l'unanimité.

3. — *En ce qui concerne le moyen essentiel :*

a) Pendant la période où l'Allemagne disposera, quoi qu'on fasse, des 3 ou 4 millions d'hommes qui ont fait la guerre, occupation de la rive gauche et des têtes de ponts, avec évacuation progressive et faculté tant de prolonger l'occupation au delà de quinze ans que de réoccuper, si les garanties contre une agression allemande paraissent insuffisantes aux signataires ou si l'Allemagne manque à ses engagements de réparations.

b) Interdiction définitive à l'Allemagne de

maintenir ou de construire des fortifications tant sur la rive gauche du Rhin que sur une zone de 50 kilomètres à l'Est.

c) Interdiction définitive dans les deux zones ci-dessus, d'entretenir ou rassembler des forces armées, soit à titre permanent, soit à titre temporaire, aussi bien que de toutes manœuvres militaires de quelque nature qu'elles soient, ainsi que du maintien de toutes facilités matérielles de mobilisation.

d) Engagement des signataires de considérer comme un acte d'hostilité et calculé pour troubler la paix du monde, tout manquement de l'Allemagne aux engagements ci-dessus : c'est le *casus fœderis*.

e) Dans le cas d'agression non provoquée de l'Allemagne — caractérisée comme il vient d'être dit — engagement d'assistance *immédiate* de la Grande-Bretagne et des États-Unis.

f) Maintien en vigueur de cet engagement d'assistance immédiate jusqu'à ce que tous les signataires soient d'accord pour estimer qu'il est devenu inutile.

4. — Les clauses qui précèdent comblent les lacunes que signalaient le Mémoire du 25 février,

soit en ce qui concerne la réduction des armements allemands, soit au sujet du droit d'investigation en Allemagne, soit en ce qui touche la rapidité de l'aide à fournir par la Société des Nations. Elles vont même plus loin que lui, sur certains points, puisqu'elles fixent, non au Rhin, mais à 50 kilomètres à l'est du Rhin la frontière militaire de l'Allemagne.

III.—Garanties demandées par le Mémoire et non obtenues par le Traité.

1. — Deux des garanties demandées par le Mémoire ne se retrouvent pas dans le Traité :

Le Mémoire ne fixait pas de terme défini à l'occupation du Rhin et des têtes de pont; le Traité fixe à quinze années, dans des conditions déterminées, la durée de cette occupation.

Le Mémoire demandait que la frontière occidentale de l'Allemagne fût fixée au Rhin. Cette clause ne figure pas dans le Traité.

2. — En ce qui concerne la durée, il convient de remarquer que, si le Mémoire ne fixait pas de limite définie à la durée de l'occupation, il la présentait cependant comme temporaire. Il disait :

Page 15 : *Au moins pour le moment et les années prochaines.*

Page 18 : *Présentement* et, plus loin, *dans l'état actuel.*

Page 23 : *Pour le moment présent.*

On remarquera, d'autre part, que le Maréchal Foch, dans son exposé final du 6 mai, n'a pas demandé non plus l'occupation définitive. Il a dit : « Quand on trouvera qu'on est payé ou qu'on a des garanties suffisantes, on n'aura plus qu'à retirer les troupes et à partir. »

C'est précisément ce que dit le Traité, qui porte que, si les garanties ne sont pas jugées suffisantes, l'occupation sera prolongée, et que, si l'Allemagne cesse de payer, on réoccupera. On ne peut donc pas, à cet égard, relever une différence réelle entre le Mémoire et le Traité.

3. — La seule différence substantielle entre le Mémoire et le Traité consiste, par conséquent, en ceci que, si la frontière militaire de l'Allemagne est fixée à 50 kilomètres à l'est du Rhin, en revanche sa frontière territoriale et politique n'est pas fixée au Rhin.

A cette fixation il fut opposé :

a) Qu'on ne pouvait, sans manquer aux principes adoptés en commun le 4 novembre 1918 comme bases de la paix, séparer de l'Allemagne 5 millions et demi d'Allemands (7 millions en comptant les têtes de pont) sans un plébiscite, que nul ne demandait et dont le résultat eût été, d'ailleurs, en faveur de l'Allemagne;

b) Que cette séparation, réalisée sans plébiscite préalable, serait une annexion déguisée, un retour à la politique bismarckienne et une cause de guerre pour l'avenir;

c) Que, d'ailleurs la rupture de tout lien entre la rive gauche du Rhin et l'Allemagne pourrait avoir des conséquences fâcheuses pour les Alliés eux-mêmes au point de vue des clauses de réparations et d'occupation, les unes et les autres ne se justifiant que *contre* l'Allemagne et pouvant difficilement se motiver contre un pays *indépendant* de l'Allemagne;

d) Que pour ces raisons certains Gouvernements refusaient, dans l'hypothèse d'une telle solution, d'associer leurs troupes à l'occupation et qu'ils ne pourraient pas prendre devant leurs Parlements respectifs et leur opinion publique la responsabilité de recommander ni l'occupation par la France seule sans limitation de durée, ni la rupture, par la force, du lien entre l'Allemagne et la rive gauche du Rhin.

Le Gouvernement français a répondu à ces objections que, sans en méconnaître la valeur, il avait le devoir impérieux, faute d'autre ressource, de réclamer, contre une agression possible de l'Allemagne, une garantie préventive et qu'il n'en voyait pas d'autre, dans l'état de la négociation, que l'occupation de la rive gauche du Rhin et des ponts.

C'est alors (14 mars) que s'est produite l'offre des deux traités. Ces traités, dans la pensée des Alliés, devaient suffire à tout. Néanmoins, ils ont été complétés, grâce à l'effort du Gouvernement français, du 14 mars au 28 avril, par les clauses énumérées dans la note du 17 juillet remise à la Commission et qui sont empruntées à notre système initial.

Il est clair que c'est l'énergie avec laquelle le Gouvernement avait soutenu ce premier système qui lui a permis d'obtenir et les deux traités et les garanties supplémentaires qui viennent d'être rappelées.

IV. — CONCLUSIONS.

L'analyse qui précède limite exactement le point sur lequel le Gouvernement a dû prononcer son choix. Ce point est le suivant : séparer ou ne pas séparer de l'Allemagne la rive gauche du Rhin; accepter ou refuser les traités offerts par la Grande-Bretagne et les États-Unis. Sur tous les autres points, les solutions du Traité sont, en effet, identiques ou supérieures à celles du Mémoire du 25 février.

Dans le premier cas, nous occupions la rive gauche séparée de l'Allemagne pour une durée non définie, mais avec nos seuls moyens, sous notre propre responsabilité, malgré les objections formelles de nos Alliés, dans une position d'isolement politique et militaire en face d'un pays toujours plus peuplé que nous.

Dans le second cas, nous occupons la rive gauche (qui reste allemande) pour quinze ans seulement, avec évacuation par zones successives, mais aussi avec le droit de prolonger l'occupation et de réoccuper; avec destruction des forteresses et rejet des forces allemandes à 50 kilomètres à l'est du Rhin; avec droit d'investigation pour la Société des Nations; avec participation des Gouvernements alliés et associés à l'occupation et à la réoccupation éventuelle; avec enfin engagement d'aide militaire *immédiate* de la Grande-Bretagne et des États-Unis en cas d'agression non provoquée, cette agression étant définie par la violation de la ligne tracée à 50 kilomètres à l'est du Rhin.

Telle est l'option que le Gouvernement a levée dans les conditions exposées par la Note du 17 juillet. Il a fait connaître ses raisons. Il s'y tient.

En terminant cet examen rétrospectif du Mémoire du 25 février, le Gouvernement conclut que :

1° Ce Mémoire, à la date où il a été rédigé, se justifiait, dans tous ses points, par la situation du moment;

2° Les demandes alors présentées ont été le levier qui, à dater du 14 mars, a orienté la négociation dans une voie nouvelle (offre des deux Traités);

3° L'offre des Alliés du 14 mars (engagement défensif pur et simple) a été complétée par les garanties supplémentaires empruntées au système initial que le Gouvernement français a obtenues du 14 mars au 28 avril (voir note du 17 juillet);

4° Le Traité, ainsi établi, apporte à la France toutes les garanties essentielles demandées par la note du 25 février, sauf une (séparation de l'Allemagne de la rive gauche du Rhin), mais lui assure, en plus, la garantie générale, préventive et capitale, des deux Traités avec la Grande-Bretagne et les États-Unis.

Le Gouvernement fait observer enfin que le Traité avec l'Allemagne et les Traités avec la Grande-Bretagne et les États-Unis font un tout, et que pour apprécier sainement les garanties par eux assurées à la France, c'est une mauvaise méthode d'examiner isolément tel ou tel article.

Ces garanties, qui se confirment et se complètent les unes les autres, sont de sept ordres différents :

a) Garantie générale de la Société des Nations pour l'intégrité territoriale et l'indépendance politique des signataires (art. 10, adopté le 16 février);

b) Réduction des forces militaires allemandes (art. 159 à 212, adoptés le 17 mars);

c) Fixation définitive à 50 kilomètres à l'est du Rhin de la frontière militaire de l'Allemagne, toute violation de cette clause par l'Allemagne étant considérée par les signataires comme un acte d'hostilité (art. 42 à 44, adoptés le 28 mars);

d) Droit d'investigation en Allemagne reconnu par elle au Conseil de la Société des Nations votant à la majorité, dès que l'Allemagne est accusée par un des signataires de violer les clauses militaires du Traité (art. 213, adopté le 20 avril);

e) Occupation interalliée de la rive gauche et des têtes de pont pour quinze ans, avec droit de prolongation et de réoccupation (art. 428 à 432, adoptés le 20 avril);

f) Traités avec la Grande-Bretagne et les États-Unis assurant l'aide immédiate (adoptés le 22 avril);

g) Maintien en vigueur de ces Traités jusqu'à ce que *tous* les signataires soient d'accord pour les estimer inutiles (décidé le 23 avril).

Si on examine ensemble ces diverses garanties, toutes obtenues, sauf la première, après la rédaction du Mémoire du 25 février; si on retient que le mécanisme protecteur qu'elles créent entre en jeu non au lendemain de l'agression, mais dès qu'un des signataires réclame l'investigation en Allemagne, c'est-à-dire au premier soupçon que le Gouvernement allemand essaye de réarmer; si on observe enfin que ce n'est pas en six semaines ni en six mois que l'Allemagne pourra passer de l'état militaire où le Traité l'a réduite à un état lui permettant d'attaquer — on appréciera, mieux que par la critique d'articles isolés, le système préventif qui a été établi et on comprendra que, quelque temps qu'il puisse falloir aux Anglais et aux Américains pour se déployer à nos côtés, il en faudra beaucoup plus à l'Allemagne, soumise à l'investigation de la Société des Nations, pour se rééquiper pour la guerre.

Les faits et les dates qui précèdent répondent, semble-t-il, de façon complète à la question posée par la Commission sur la comparaison du Mémoire du 25 février avec le Traité de paix. Ils justifient l'opinion émise par le Gouvernement dans sa note du 17 juillet.

Cette opinion ne s'applique pas seulement à la question spéciale exposée par la présente note : elle est plus large. Il est, en effet, superflu d'insister sur la portée générale, politique et économique, d'un groupement tel que celui qui vient d'être constitué et qui n'a pas de précédent dans l'histoire.

TABLE DES MATIÈRES